한의사이자 교육자

왈우 강우규 평전

한의사이자 교육자

왈우 강우규 평전

초판 1쇄 인쇄   2025년 11월 17일
초판 1쇄 발행   2025년 11월 29일

저 자 박   환
펴낸이 윤관백
펴낸곳 선인

등 록 제5-77호(1998. 11. 4)
주 소   서울특별시 양천구 남부순환로48길 1, 1층
전 화   02-718-6252
팩 스   02-718-6253
E-mail suninbook@naver.com

정 가   23,000원

ISBN 979-11-6068-997-6 93990

광복 80주년, 강우규 탄생 170주년 기념

한의사이자 교육자

왈우 강우규 평전

박 환

선인

왈우 강우규

우리에게 '윤봉길', '이봉창'이라는 이름은 너무나 익숙하다. 한 번도 직접 만나본 적은 없지만, TV를 통해 익숙하게 알게 된 유명 연예인의 이름처럼 말이다. 하지만 '강우규'라는 이름은 어떠한가? 비인기 연예인을 우연히 길을 가다가 마주쳤을 때에 느끼는 애매함처럼 대부분은 어딘가에서 한 번쯤은 들어본 것도 같고 아닌 것도 같은 낯설음을 느낀다. 이는 참으로 안타깝고 아이러니한 일이다. 강우규는 어찌 보면 위의 인물들을 우리가 지금까지도 익숙하게, 또는 영웅으로 기억할 수 있도록 만든 인물이기 때문이다. 한마디로 말하면, 1919년 사이토 마코토(齋藤實) 총독을 향한 강우규의 의거는 이러한 의거가 탄생되는데 도화선 역할을 하였다고 볼 수 있다. 강우규 의거는 3·1운동 이후 최초의 의열투쟁으로서, 이를 시작으로 이들의 의거를 비롯한 많은 의거로 이어지게 되었기 때문이다.

이와 같이 3·1운동 이후의 크고 작은 의거들에 직간접으로 영향을 주게 되는 강우규 의거는 1919년 9월 2일 오후 5시 서울역(남대문역)에서 일어났다. 3·1운동을 시작으로 타오른 국내외의 뜨거웠던 만세운동에도 일제는 끝까지 조선 통치를 포기하지 않았다. 이에 만주·러시아 등지의 일부 한인들은 일제를 우리 땅에서 몰아내기 위해 무장투쟁을 전개하고자 하였다. 그들이 세운 계획 중에는 조선총독을 저격함으로써 한인들의 독립 의지를 일본과 세계만방에 전달하자는 것도 포함되어 있었다. 그 계획의 실천자가 바로 한의사 강우규였다. 강우규는 일제의 삼엄한 경계 속에서도 제3대 조선총독으로 부임하는 사이토 마코토를 저격하기 위해 과감히 폭탄을 투척하였다. 강우규가 던진 폭탄은 안타깝게도 목표했던 사이토 마코토에게는 닿지 못하였지만 엄청난 위력을 발휘하여 신임 총독을 환영 나온 일제 관헌과 그 추종자들 37명에게 중경상을 입히는 성과를 냈다.

강우규 의거는 단순히 그가 '처음'이었기 때문에 주목되는 것만은 아니다. 이는 당시 그의 나이 하나만으로도 충분히 주목할 만하다. 그가 사이토 마코토를 저격한 당시 나이는 65세. 우리가 잘 아는 안중근·윤봉길·이봉창의 의거 나이가 각각 20·24세·32세였다는 점을 감안한다면 강우규의 의거는 노인에 의하여 이루어진 사실이라는 점에서도 상당히 흥미롭고 대단한 사건이라 할 수 있다.

이렇게 여러 면에서 의미가 있는 강우규 의거는 조선총독으로 부임하는 사이토에게 큰 경고가 되었음은 물론 국내외 한인들의 민족의식 고취에도 크게 이바지하였다. 특히 그는 의거 이후의 재판과정과 수형생활·처형과정에서도 일제 앞에 끝까지 당당한 모습을 보임으로써 생을 마감하는 마지막 순간까지 한인들에게 깊은 감동을 안겨 주었다.

강우규 의거는 이와 같이 우리 민족운동 선상에서 매우 중요한 위치를 차지한다. 따라서 일반에는 다소 생소한 이름이지만, 학계에서는 비교적 많은 주목을 받아왔다. 그 결과 그의 의거에 대해서는 일정 부분 구체적인 사실들이 밝혀지기도 하였다.* 하지만 여전히 한의사 깅우규라는 인물과 그의 항일운동의 전체적인 모습이 제대로 조명되고 밝혀졌다고는 할 수 없다. 따라서 이 책은 강우규라는 인물과 그의 의거를

---

* 　정운현, 『강우규: 노구를 민족제단에 바친 의열투쟁가』, 역사공간, 2010; 은예린, 『강우규의사평전』, 책미래, 2015.

다각도로 살펴봄으로써 그동안 제대로 조명되지 않고 밝혀지지 않았던 부분들을 드러내고자 한다. 즉 그의 의거를 총체적으로 살펴봄으로써 학계 나아가 일반에도 그의 이름이 제자리를 찾아갈 수 있도록 만들고자 함이 이 책을 쓰는 작은 목적이다.

구체적으로는 강우규의 민족의식 형성, 민족운동의 전개·사상, 그의 의거와 순국이 끼친 영향, 그의 활동이 한국민족운동사 상에서 갖는 역사적 의미 등에 대해 살펴보려 한다. 특히 사상 면에서 필자는 그의 사상의 핵심이 기독교 사상과 동양평화론이라고 생각하나, 지금까지 학계와 일반에서는 이 점을 간과하였다고 본다. 따라서 한의사 강우규는 단순한 활동가가 아니라 안중근과 마찬가지로 분명한 시대인식을 가지고 활동에 임했던 인물임을 부각시키고자 한다.

강우규는 필자 개인적으로도 큰 애정과 존경심을 느끼는 인물이다. 이는 비단 그의 의거가 우리 역사에서 차지하는 비중이 크기 때문만은 아니다. 인간적인 면모와 사회적인 측면에서 강우규는 우리에게 깨달음을 주는 바가 참 많은 인물이기 때문이다. 사람은 나이가 들면 들수록 삶에 대한 집착이 강해지는 동물이다. 말로는 죽음을 쉽게 이야기하지만, 나이가 들수록 죽음은 더욱 큰 두려움으로 다가오게 된다. 때문에 젊은이가 나라를 위해 목숨을 내어놓는 것보다 노인이 자신의 목숨을 나라를 위해 내어놓는 것이 훨씬 더 어려운 일이 아닐까. 당시 나이 65세로서 의학이 발달한 지금은 60대가 젊은 노인축에 속하지만, 60대는 이미 평균 수명을 넘긴 나이로 생물학적으로 죽음의 기로에 서 있는 나이였다. 그는 바로 이런 인간적인 두려움을 초월한 인물이었다는 점에서 충분히 조명되어져야 한다고 생각된다.

　한편으로 현재 강우규가 일반에 낯선 이름으로 남았다는 사실은 우리 사회의 잘못된 현주소를 되돌아보게 한다. 강우규는 그 역사적 위상에 비해 후대에 크게 조명을 받고 있지 못하다고 볼 수 있다. 이는 안타까운 우리 사회의 일면 탓이 크다. 역사적으로 큰 공헌을 한 인물의 현 위치는 그 후손들의 유무와 그들의 경제적 상황에 따라 더욱 견고해지기도 하고 혹은 약해지기도 한다. 이는 참으로 안타까운 일이지만 강우규의 경우가 그러한 후자의 예라고 할 수 있다. 여기에 더해 우리 사회가 가진 '성공'만을 인정하는 면이 강우규의 의거를 더욱 잊혀지게 만든 요인이 된 것이 아닌가 한다. 강우규 의거는 총독 암살이 목적이었기 때문에 보통의 잣대로는 실패한 의거이다. 그러나 총독을 직접 암살하진 못하였어도 그의 의거가 일으킨 파장은 성공한 의거 못지않게 대단한 역사적 현실이다. 그럼에도 성공만을, 1등만을 중시하는 우리 사회의 잘못된 잣대가 강우규라는 인물을 우리 역사에서 세월의 흐름에 따라 조금씩 지워왔다고 생각한다.

이러한 몇 가지 점들만 보더라도 지금 우리가 강우규라는 낯선 노인의 이름을 기억해야 하는 이유는 더욱 분명해진다. 이 책의 마지막 장을 덮고 난 이후에는 독자들의 머릿속에 우리가 기억하는 '윤봉길·이봉창' 앞에 우리가 잊고 있던, 그러나 잊어서는 안 될 그 이름, '강우규'가 떠올려지길 기대한다.

올해는 광복 80주년, 강우규 탄생 170주년이 되는 해이다. 그럼에도 그의 모습은 우리에게 잊혀진 전설이 되어 있는 것 같아 마음이 아팠다. 이에 그동안 절판되었던 졸저 『강우규

의사평전』(선인, 2010)을 수정·보완해 보았다. 이 책의 간행을 통하여 강우규 의사의 진면모가 모든 이들의 가슴속에 깊은 감동을 주는 조그마한 계기가 되었으면 한다.

2025년 11월 문화당에서
청헌 박환

▌▌책을 읽기 전 팁

– 이 책의 자료들은 처음에는 모두 원본 형태로 제시하고자 하였다. 하지만 자료들 중에는 원본 자료를 전산 기록으로 옮기는 과정에서 누락 혹은 잘못된 부분이 발생하여 이미 원본의 의미를 상실한 경우도 있고, 고어(古語)의 경우 일반 독자들에게 난해하게 읽혀질 우려가 있다는 점 등을 감안하여 최소한의 정리를 하여 제시하는 부분에서 수정하였다.

본문에 실린 신문기사나 판결문 등 인용의 경우, 문장의 흐름상 또는 현재의 표현상 전달 부분에서 정리가 필요한 부분에 한해 약간 수정하였다. 대신 원본의 정확한 자료를 원하는 심층 독자들도 고려하여 본문에 사용된 인용문들 중 일부와 참고할 만한 원본 자료를 사진자료와 '부록 자료'에 실어 두었으니 다양하게 참고하기 바란다.

차례

제1장

강우규의 민족의식은 어떻게 형성된 것일까
– 이동휘가 끼친 영향

1919년 9월 2일, 강우규가 신임 총독을 향해 던진 것은 비단 폭탄만이 아니었다. 그날 그는 폭탄과 함께 자신의 귀중한 목숨도 내던졌다. 강우규는 나라와 민족을 위해서 죽을 각오를 한 노인이었다. 이처럼 인간에게 가장 두려운 대상인 죽음을, 그것도 그것을 가장 두려워하게 되는 노년기를 초월하게 할 정도로 강했던 강우규의 민족의식은 어떻게 형성된 것이었을까.

이번 장은 강우규라는 인물을 논하는 그 첫걸음으로써 그의 민족의식에 관해 살펴보고자 한다. 그런데 그의 민족의식은 '이동휘'라는 인물을 빼놓고는 논할 수가 없다. 따라서 이동휘를 중심축으로 삼아 그를 만나기 '이전'과 '이후'로 나누어 강우규의 민족의식이 형성되는 일련의 과정들을 살펴보려고 한다.

먼저 '이전'부분을 통해서는 자료가 거의 남아 있지 않은 그의 유년 시절이나 의거 이전의 삶을 간략하게 나마 엿볼 수 있다. 즉 독립운동가 강우규가 아닌 '인간 강우규'의 삶을 살펴볼 수 있는 단초를 찾아보려고 한다. 다음으로 '이후' 부분에서는 강우규가 이동휘와 만남을 계기로 어떻게 변화되었는지 등을 확인할 수 있다. 이는 강우규의 손녀 강영재의 회고를 중심으로 살펴보았다.

■ 이동휘를 만나기 전

'왈우(曰遇)'라는 호와 찬구'(燦九)', '강녕(康寧)' 등의 별명으로 불렸던 강우규는 그가 보여준 비범한 삶과는 달리, 변변치 않은 가난한 작은 농가에서 태어났다. 강우규는 1855년(철종 6년전)* 음력 6월 1일, 평안남도 덕천군(德川郡) 무릉면(武陵

---

* 유족과 진주강씨 문중기록에는 1859년에 태어난 것으로 기술되어 있다.

面)* 제남리(濟南里) 68번지에서 강재장(姜齋長)의 4남매 중 막내로 출생했다** 위로는 형이 두 명, 누님이 한 분이 있었다. 그가 태어난 곳은 평양에서 150리 북방에 위치하는 곳으로, 안팎 40리 고개의 유명한 알일령을 넘어야 겨우 읍내 구경을 할 수 있을 정도로 깊은 산읍(山邑)이었다.***

어린 시절에 대해서는 안타깝게도 알려진 바가 거의 없다. 위의 기본적인 인적사항 외에 우리가 그의 어린 시절에 관해 확인할 수 있는 정보라고는 일찍이 부모님을 여의고 누님 댁에서 자라났으며**** 어렸을 때 전통적인 한문과 한방의술을 조금 공부하였다는 것 등이 거의 전부일 정도다. 때문에 빈곤한 생활을 이어가던 그가 어떻게 한문과 한방의술을 잠시나마 접하게 되었는지에 관해서도 구체적으로는 확인할 수 없지만, 그는 이후 고향에서 한의업에 종사하였을 것으로 추정되고 있다.*****

다음의 『매일신보』 기사는 어려웠던 집안형편을 어느 정도 보여준다.

* 1917년 덕천면으로 개칭되었다.
** 독립운동사편찬위원회, 『독립운동사자료집』 11, 1976, 79쪽.
*** 평안남도지편찬위원회, 『평안남도지』, 1979, 231쪽.
**** 강영재, 「남대문역두 강우규의사의 투탄」, 『신동아』 1969년 5월호, 181쪽.
***** 『동아일보』 1920년 4월 15일자.

『매일신보』 1920년 2월 21일자

원래 강우규의 집은 가난하기로 유명하여 겨우 조반석죽(朝飯夕粥)
으로 호구(糊口)를 하고 지내온 터이오. 강우규는 실양 빈한하기 짝
이 없는 농가의 출생이었소.

덕천군 지도

위의 기사에서는 가난하다
는 말로도 부족하여 '가난하
기로 유명하였다'라는 표현
을 쓰고 있는데, 이것만으로
도 집안형편이 얼마나 어려
웠을지 충분히 짐작해 볼 수
있다. 강우규는 이러한 열악
한 경제 사정에 더해 설상가
상으로 부모님까지 일찍 여
의고 이후 누님의 집에서 어
린 시절을 보냈다.

이렇게 유년시절을 마친
강우규는 30대 초반인 1885(7)년경에 함경남도 홍원군(洪原
郡) 용원면(龍源面) 영덕리(靈德里) 68번지로 이주하게 된다.*

---

* 『독립운동사자료집』 11, 79쪽, 595쪽에서는 1887년으로 서술하고 있지만,
강우규의 손녀 강영재는 1885년으로 언급하고 있다(강영재, 『신동아』,

그가 이때 평안남도에서 함경남도 산골로 이주한 이유에 관해서는 구체적으로 알려진 바가 없지만, 이와 관련하여 흥미로운 이야기가 전해지기도 한다. 바로 강우규가 당시 모종의 애국운동에 관여하여 신변이 위태롭게 되었기 때문에 피신 겸 이곳으로 이주하였다는 부분이다.* 하지만 이것의 사실 여부는 이를 뒷받침 해주는 자료

홍원군 지도

가 부족한 관계로 확인할 수 없다.

강우규가 이주한 홍원의 옛 이름은 요원사(要原社)이다. 이 지역은 북청군의 산들이 동북으로 와서 경계를 이루고, 남은 바다요 북은 산이며, 동대천이 흘러 땅이 평탄하고 기름진 곳이었다.** 홍원군은 이러한 지리적 특성으로 어업과 농업

182쪽). 강우규는 홍원읍 봉상리에 살다가 훗날 용원면 영덕리로 이주하였다고 한다(홍원군지편찬위원회, 「홍원군지」, 1973, 224쪽).
* 이병헌, 「강우규」, 『한국근대인물백인선』, 『신동아』 부록, 동아일보사, 1970, 6쪽.
**『홍원군지』, 50쪽.

은 비교적 발달한 지역이었지만, 당시 교통기관이 완전치 못하였던 관계로 상업과 공업의 발달은 부진한 편이었다. 실제로 공업은 가정내에서 이루어지는 가정 공업이 대부분을 차지하고 있었으며 주로 직물, 요업의 제품, 식물성 지유(脂油), 동물성 지유 등이 생산되었다고 한다.*

특이하게도 이러한 홍원에서 강우규는 농업과 어업이 아닌 상업에 종사하였던 것으로 전해지고 있다. 그가 이 같은 결정을 하게 된 이유에 대해서는 알 수 없지만, 그는 이주 당시에 가지고 온 돈을 바탕으로 홍원의 중심가인 남문거리에서 아들 중건을 앞세워 잡화상을 운영하였다고 한다. 여기서 우리가 생각해 볼 것은 바로 잡화상을 세운 밑천, 즉 그가 이주 당시 가지고 왔다는 '돈'이다. 실제로 강우규는 홍원으로 솔가(率家)할 당시 상당액의 거금을 가져 온 것으로 알려져 있다. '가난하기로 유명하였다'는 수식어가 붙을 정도로 경제적으로 어려운 유년시절을 보냈던 그가 어떠한 과정을 거쳐 이와 같은 거금을 마련하게 된 것일까? 이에 대해서 역시 확인할 길이 없지만, 이를 통해 우리는 이 시절에 그의 경제 형편이 나아졌다는 것을 알 수 있다. 이렇게 문을 연 강우규의 상점에서는 주로 물감·담뱃대·면사·포목 등을 팔았다

* 『홍원군지』, 105쪽.

고 한다. 그는 당시 이러한 판매 활동에 더해 장사꾼들에게 돈을 저리로 빌려주기도 하는 등 돈을 버는 일에 주력하였던 것으로 보인다.*

1930년대 홍원읍 모습

홍원읍 전진항

  지금까지 우리는 강우규의 민족의식이 어떻게 형성된 것인지를 알아보기 위해 그의 유년시절에서 30대 초반까지의 일생을 대략적으로 살펴보았다. 안타깝게도 지금까지의 이야기 속에는 '민족의식'이라는 단어가 없다. 물론 큰 문제가 있다. 많은 부분의 이야기 퍼즐이 빠져 있다는 점이 그것이다. 만약 그가 홍원으로 이주한 이유 등 여러 부분에 대한 구체적인 사실들이 밝혀진다면 이야기는 크게 달라질 부분이다. 그의 민족의식을 알아보기 위해 본서가 나눈 '이동휘를 만나기 전과 후'라는 구성부터 달라져야 할 테니 말이다. 그러나 현재로서는 그에 대한 확실한 자료가 없기에 본서의 구

* 강영재, 『신동아』, 182쪽.

성대로 이동휘를 축으로 그의 민족의식을 알아보는 것이 최선이라고 생각한다. 안타까움이 남지만, 그의 민족의식의 형성 과정을 두드러지게 살펴볼 수 있게 하는 이후의 이야기로 넘어가 보기로 하자.

▌ 이동휘를 만난 이후

홍원지역의 장사꾼으로 살아가던 강우규가 민족의식을 갖게 된 것은 어떠한 이유에서였을까? 이에 대해서는 앞서 설명한대로 확실히 알 수 없지만, 강우규의 손녀인 강영재(姜英才)의 증언은 '이동휘'라는 이름을 우리 앞에 불러 세운다. 그녀에 따르면, 이동휘(李東輝)는 강우규가 홍원에서 장사를 하고 있을 무렵 국권회복운동과 기독교 선교를 목적으로 그의 고향인 함경도지역을 방문하였고, 이때 강우규의 집에도 종종 머물렀다고 한다. 『신동아』에 실린 그녀의 회고록 「서울역두 강우규의사의 투탄」 중에는 이러한 사실이 다음과 같이 기록되어 있다.

그(이동휘)가 홍원에 나타나면 온 읍내가 잔치집처럼 들떠서 그를 접대하였다. 읍내 유지들은 자기 집에다 음식을 마련해 놓고 그를 데려다가 그 지방 풍습으로 '때를 한다'고 하여 한 끼씩 식사대접을 하였다. 우리 집에서도 몇 차례 이동휘 씨를 모셨다.*

이동휘는 1873년 6월 20일, 함경남도 단천군 대성리에서 빈궁한 농가의 아들로 태어났다. 가난한 농가 출신이라는 점에서 이동휘와 강우규의 시작은 같았다. 그러나 그들이 만날 당시에 이동휘와 강우규에게는 이 외에 공통된 것은 전혀 찾아볼 수 없었다. 이동휘는 국권회복운동과 기독교 선교를 위해 홍원에 온 인물이었고, 강우규는 이때만 해도 장사꾼으로서 홍원에 살고 있던 인물이었기 때문이다. 이렇게 시작은 같았지만 삶의 방향은 전혀 달랐던 이동휘와 강우규가 운명적으로 만나게 되었다.

이동휘와 만남은 강우규의 인생에서 삶의 방향을 바꾸어 놓을 정도로 컸던 것 같다. 특히 그는 이동휘의 교육과 종교활동에 크게 감명을 받고 깨달음을 얻게 되었던 것으로 보인

이동휘

---

* 위와 같음.

다. 실제로 당시 이동휘가 가장 심혈을 기울였던 것이 교육과 종교활동이었다.*

먼저 이동휘가 펼친 교육활동에 관해 살펴보면 다음과 같다. 이동휘는 1908년 1월 3일 서북학회 창립총회를 주도함으로써 본격적인 교육활동을 전개하였다. 특히 그는 자신의 출신 지역인 함경도 지역의 교육 부진을 개탄하여 이 지역에 학교를 설립하고자 하였다. 그러던 중 1908년 8월, 서북학회가 함경도지역의 교육 진흥과 지회·지교 설립을 위해 그를 함경도 모금위원으로 파견하게 된다. 이동휘는 이때부터 이후 1909년 5월까지 함경도 전역을 순행하며 서북학회의 지회와 학교설립운동을 활발히 전개해 나갔다. 이러한 그의 노력은 결국 결실을 맺어 함경도 각지에 수많은 학교가 설립되었다.**

다음으로 이동휘가 한 종교활동을 살펴보자. 이동휘는 1909년 9월 이후부터는 함경도지역의 기독교전도에도 심혈을 기울였다. 그는 "오직 하나님의 은총과 도움 없이는 이 나라를 구할 수 없다"는 신념으로 캐나다 장로교선교회 로버트 그리어슨 선교사(Robert Grierson, 한국명 '구례선')를 만나 무보수

---

* 김방, 『이동휘연구』, 국학자료원, 1999, 67~68쪽.
** 반병률, 『성재 이동휘일대기』, 범우사, 1998, 69~71쪽.

라도 좋으니 자신을 기독교 전도인으로 채용해줄 것을 요청하였다. 이동휘는 이후 성경책을 파는 매서인(賣書人)으로서 함경도 각 지방을 돌며 전도강연에 나섰다. 이동휘의 전도강연에는 항상 많은 사람들이 모여들었고, 모두 그의 말에 귀를 기울였다. 그의 이 같은 노력으로 함경도 이원·단천 등지에는 기독교 신자들이 늘어났으며 많은 교회들이 세워졌다.*

이와 같은 이동휘의 활동에 영향을 받은 강우규는 국권회복의 일환으로 이때부터 기독교 장로교를 신앙하게 되었던 것으로 보인다. 물론 강우규가 기독교를 신앙하게 된 동기가 무엇이었는지는 확실히 알 수 없다. 하지만 지금까지 자료를 토대로 본다면, 그가 이동휘의 영향을 받아 대한제국기 기독교를 통한 국권회복의 논리를 견지하고 있었기 때문이 아니었을까 싶다. 강우규는 실제로 이후 기독교를 바탕으로 신식학문을 알리고자 하였다. 강우규가 이동휘의 교육활동에 영향을 받았다는 사실은 강우규가 이후 학교 설립에 힘썼다는 것과 학교에서 학생들에게 공부를 열심히 하여 우리조국의 국권을 회복해야 함을 강조한 것 등을 통해 어렵지 않게 알

* 송상도, r기려수필』, 국사편찬위원회, 1955, 277쪽 ; 『매일신보』 1920년 2월 15일자, 「제1회 개정폭탄범인공판」.

수 있다.* 강우규는 실제로 나라를 되찾기 위해서는 청년들이 바로서야 함을 인식하고 이들의 교육에 심혈을 기울였다.

이렇게 직간접으로 강한 인연을 맺게 되는 이동휘와 강우규는 이후에도 계속 관계를 이어나갔던 것으로 보인다. 이는 강영재의 회고에 쓰인 다음과 같은 내용을 통해 짐작해 볼 수 있다.**

1905년 북간도서당

신흥동 '천당(天堂)집'에는 독립단원들이 무시(無時)로 드나들었다. 이들의 정확한 단체명은 모르겠으나 통칭 '독립단'이라 하였으며, 카키복에 총을 멘 무장군인도 있고 점잖게 차린 늙수그레한 분도

*   강영재, 『신동아』, 188쪽.
** 국회도서관, 『한국민족운동사료』(3·1운동편 2), 1978, 419쪽.

있었다. 이들은 신흥동에 오면 으레 우리집에 들러 조부님과 무엇인가를 의논하기도 하고 밥도 지어 먹고 갔다. 지금 그들의 이름이나 용모는 알 길이 없지만, 그러한 손님들 중에 이동휘 씨가 있었던 것은 지금도 기억할 수 있다.

내가 광동학교에 입학하던 여름에 이동휘 씨는 20여 세쯤 되어 보이는 처녀를 데리고 우리집에 왔다. 그의 딸이었다.

위의 내용을 통해 우리는 이때의 강우규는 더 이상 이전의 장사꾼이 아니라는 것을 확실히 알 수 있다. 이즈음에 그는 분명하고 또 강한 민족의식을 형성하고 있었다. 그는 '독립단'이라고 불리는 이들과 만남을 갖고 있었고, 그들 중에는 강영재가 분명히 기억하는 이동휘가 있었다. 강우규를 찾아왔던 수많은 이들 중에 당시 어린 소녀였던 그녀가 이름을 분명하게 기억하고 있다는 것은 강우규와 이동휘의 특별한 관계를 더욱 증명해 주는 것이라고 생각된다. 강우규의 집에 이동휘가 자신의 딸까지 함께 데리고 왔다는 사실도 그들이 각별한 사이였다는 것을 뒷받침해 준다.

이것 외에도 그들의 친분 정도와 계속된 관계를 짐작할 수 있게 하는 증거들은 많다. 강우규가 의거를 위하여 국내로 들어올 때, 이동휘가 경북 경주에 거주하는 최익선(崔益善)과 함경남도 홍원군 읍내에 거주하는 김신근(金信根) 앞으로 보내는 편지를 가지고 오기도 하였다.* 아울러 강우규는 오태영(吳泰泳)에게 자신의 의거를 도우라는 말을 할 때에도 다음과 같이 이동휘를 언급하였다. 즉 "나는 임시정부 군무총장 이동휘의 촉탁으로 여기 군자금을 모집하기 위하여 왔으니 나를 도우라"고 하였다.

우리는 지금까지 내용을 토대로 다음과 같은 결론에 도달할 수 있다. 첫째로 강우규의 민족의식은 몇몇 위인들의 경우처럼 집안 대대로 어린 시절부터 형성된 것이라고 보기는 어렵다. 둘째로 강우규의 민족의식이 이동휘와 만남을 통해 더욱 분명해지고 강해졌다. 이렇게 어쩌면 조금은 늦은 나이에 형성된 강우규의 민족의식은 이후 누구보다 증폭되었다.

---

* 강영재, 『신동아』, 184~185쪽.

제2장

강우규, 민족운동에 뛰어들다
-1910년대 민족운동의 전개와
노인동맹단 참여

1910년에 일어난 일제의 조선 침략은 강우규의 민족의식
에 뜨거운 불씨를 지피게 된다. 당시 그는 이미 50세를 훌쩍
넘긴 중노인이었다. 변화보다는 안정이 어울리는 노년기였
고, 자녀들도 장성하여 자리를 잡고 있던 상황이었다. 재산
도 어느 정도 형성하고 있던, 누가 봐도 안정적인 상태의 그
였다. 하지만 그는 편안하게 여생을 보낼 수 있었던 그 상황
에서 힘난힌 길을 선택한다. 러시아로 강우규는 가족들을 데
리고 이주 이후 민족운동을 전개하였다.

이번 장은 본격적으로 이루어지는 강우규의 민족운동에
관해 살펴보고자 한다. 이를 위해 먼저 강우규 일가의 이주
과정을 다루고 그가 그곳에서 펼친 민족운동을 자세히 살펴

보려고 한다. 앞의 장을 통해 엿보았던 강우규의 민족의식이 어떠한 형태로 펼쳐지는지를 구체적으로 확인할 수 있다. 다음으로는 강우규와 노인동맹단과 관계에 관해 살펴보려 한다. 노인동맹단은 강우규의 의거와 밀접하게 관련되어 있다는 점에서 주목된다.

■ 만주·러시아로 이주와 1910년대 민족운동의 전개

1910년 일제에 의해 조선이 강점되자 강우규는 이에 크게 분개하였다. 이때 강우규는 더 이상 '장사꾼 강우규'가 아니었다. 당시 50세가 넘었던 그는 홍원에서 20여 년을 사는 동안 꽤 많은 재산을 모았다. 어린 시절 그의 형편을 떠올려 본다면 당시에 그는 분명 성공한 인물이었다. 그의 아들 중건도 딸 3명을 둔 가장으로서 자신의 가정을 잘 꾸려나가고 있었으니, 강우규의 입장에서는 부족할 것이 없는 그야말로 인생의 황금기였다. 그러나 강우규는 그 모든 것을 버리고 나라를 위해 과감히 일어섰다. 그는 일제에 조국이 강점되자 국권을 회복시키겠다는 뜻을 품고 과감히 망명의 길을 선택

북간도 이주한인들

두도구 조선인 거리

하였다.

1910년 가을, 강우규는 우선 큰 아들 중건부부와 그들의
자녀 3명을 러시아 연해주로 이주시켰다. 큰 아들 가족을 먼
저 이주시킨 것은 다음의 두 가지 이유 때문이었다. 첫째는
대가족이 한꺼번에 이주하는 것이 불가능하였기 때문이며,
둘째는 아들을 먼저 보내 그곳에 모든 가족들이 함께 살 자
리를 마련해 놓도록 하기 위해서였다. 큰 아들 가족은 그렇
게 북간도 연길현 수신향 두도구(頭道溝)를 경유하여 러시아
극동 하바로브스크로 이주하였다.*

이후 강우규는 이듬해인 1911년 봄, 함경남도 홍원군을 떠
나 북간도 두도구로 향하였다.** 이때 그는 팔순이 된 양어머
니와*** 맏손녀 복담을 데리고 갔다.**** 그곳에서 그는 한약
방을 경영하였다고 전해진다.***** 그가 이렇게 잠시 머물게
되었던 두도구에는 당시 강찬규(姜燦奎), 홍일표(洪一杓) 등이
와서 기독교를 전도하고 있었다. 또한 선교사 박걸(朴傑), 목
사 김서범 등이 강우규가 머물 당시인 1911년에 두도구에 교

* 『독립운동사자료집』 11, 596쪽.
** 강우규의 양어머니에 대해서는 강영재가 쓴 「남대문역두 강우규의사의 투
　탄」, 184~185쪽에서 상세히 확인할 수 있다.
*** 강영재, 『신동아』, 186쪽.
****『독립운동사자료집』 11, 79~80쪽
***** 현규환, 『한국유이민사』 상, 1976, 528쪽.

하바로브스크의 상징 아무르강

회를 설립하고 예배당을 건립하였다.* 따라서 기독교 신자였
던 강우규의 신앙이 이곳에서도 자연스럽게 이어졌으리라
짐작해 볼 수 있다.

이렇게 1910년과 1911년에 각각 러시아, 만주로 떠나 헤어
져 살게 되었던 강우규의 가족들은 그 후에도 얼마간 북만
주, 길림성 동부, 러시아 연해주 등 각지를 방랑하며 지내게
된다.** 둘로 나뉘어 지내게 된 강우규의 가족이 하나로 다시
합쳐지게 되는 것은 조국을 떠난 지도 한참의 시간이 흐른
1915년 하바로브스크에서였나.***

강우규가 큰 아들 가족을 먼저 이민 보내며 세웠던 계획과
달리 이곳은 이들의 오랜 안식처가 되지는 못하였던 것 같

* 『동아일보』 1920년 4월 15일자.
** 강영재, 『신동아』, 186쪽.
*** 위와 같음; 『독립운동사자료집』 11, 79·596쪽.

다. 강우규의 가족은 1917년 북만주 길림성 요하현(饒河縣)으로 이주하여 신흥동(新興洞)이란 마을을 개척·건설하게 된다. 이들이 이주할 당시 이곳에는 1910년 일제의 조선강점 이후 러시아지역에서 온 한인 세 가구밖에 살고 있지 않았다. 말 그대로 벽촌 지역이었다.*

강우규는 대가족이 지내기 편한 다른 여러 지역을 놔두고 어째서 이 벽촌을 선택한 것이었을까? 신흥동은 지리적으로 러시아 연해주와 인접해 있는 북만주 동북 지역으로, 이곳에서 5리만 나가면 우수리강이 흐르고 그 강을 건너면 바로 연해주 비킨이었다. 강우규가 이곳에 터전을 잡은 것은 바로 이 지리적 여건 때문이었다. 즉 하바로브스크나 블라디보스토크 등 러시아의 우리 독립운동단체들과 내왕하기가 용이하고 만주의 우리 동포들이나 독립운동단체들과 연락을 하기 위한 거점을 확보하기 위해서였다.

그는 이를 위해 당시 인근 지역에서 아직 정착하지 못하고 유랑 중이던 교포들을 끌어들여 신흥동을 조금씩 개척해 나가기 시작하였다. 마침내 그의 노력은 놀라운 결과를 이루어 냈다. 단 3가구뿐이었던 마을이 불과 한 두 해만에 백여 호에

---

* 현규환, 『한국유이민사』 상, 삼화인쇄, 1976, 196쪽. 요하지역의 경우 1930년에 454호(2,296명), 1935년에 1,443호(6,765명)가 거주하고 있었다(서기술·서명훈 주편, 『흑룡강조선민족』, 흑룡강조선민족출판사, 1988, 36~39쪽).

가까운 한인마을로 바뀌었다. 강우규에 의해 이렇게 형성된 신흥동은 그의 바람대로 후에 러시아와 북만주를 무대로 활동하는 독립군의 주요 근거지가 되었다.*

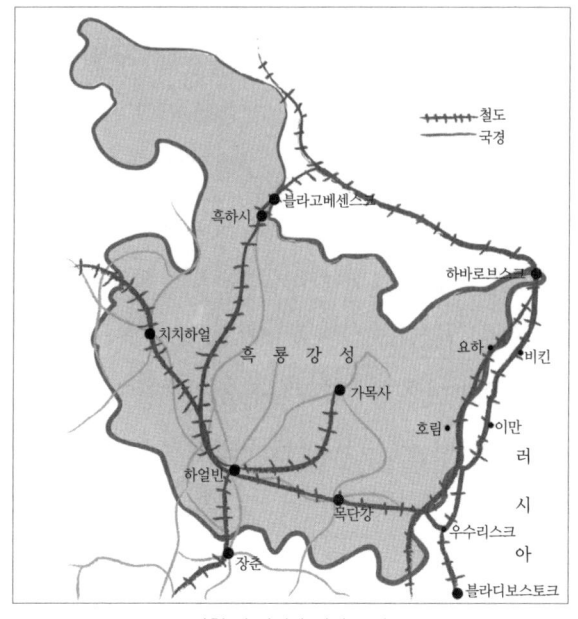

요히헌 및 러시아 연해주 지도

나라를 위한 그의 노력은 여기서 그치지 않았다. 강우규는 어느 정도 규모의 마을이 형성되자 조선인 자제들, 즉 청년들을 교육하는 일에 힘썼다. 그는 1917년 봄, 요하현에 사립

* 강영재, 『신동아』, 186쪽.

광동(光東)학교를 설립하고 몸소 그 학교의 교장이 되어 조선인 자제들을 교육시키는 일에 전념하였다. 기독교 장로교 신자였던 그는 교육과 전도에 진력하는 한편* 그 지위를 이용하여 학생들과 인근주민들에게 배일사상을 고취시키기도 하였다.** 즉 강우규는 교단에서 어린학생들에게 일본의 야만적인 침략주의의 잘못을 가르치고, 틈틈이 학교 강당에 동네 사람들을 모아 놓고 민족의식을 고취시켰다.*** 당시에 강우규가 보여준 이 같은 교육과 전도 활동은 앞장에서 살펴본 것처럼 일정 부분 이동휘에게서 받은 영향에서 비롯된 것이었다고 볼 수 있겠다.

이렇게 망명 이후 활발한 민족운동을 벌이고 있던 강우규에게 1919년 3월 4일, 국내에서 3·1운동이 일어났다는 소식이 들려왔다. 이 소식은 1919년 3월 1일, 그날의 함성을 싣고 강우규의 가슴으로 뜨겁게 전달되었다. 강우규는 곧바로 신흥동에서 만세운동을 전개하였다. 당시 그는 다수의 사람들을 모아 우리나라 국기를 만들고, 중국관헌이 많이 있는 부중(府中)에 들어가 만세를 불렀던 것이다.**** 민족운동에 뛰어든

---

* 「매일신보」 1920년 2월 15일자, 「제1회 개정 폭탄범인 공판」.
** 『독립운동사자료집』 11, 80쪽.
*** 강영재 『신동아』, 187쪽.
**** 『동아일보』 1920년 4월 15일자.

블라디보스토크 신한촌에서 전개된 3·1운동 1주년 기념 행렬의 모습

60대 노인의 목소리는 그날 20대 젊은이 못지않게, 아니 그
보다 더 크게 울려 퍼졌다.

■ 노인동맹단에 참여

　뜨거운 만세운동을 펼친 강우규는 그해 4월, 블라디보스토
크로 향한다.* 강우규가 이때 블라디보스토크로 간 것은 일
반적으로 조선의 정세를 탐지하기 위해서였다고 알려져 있

---

* 　위와 같음, 「독립운동사자료집」 11, 596쪽.

블라디보스토크 전경

다. 그러나 여기에는 노인동맹단도 밀접한 관련이 있는 것이 아닌가 생각된다. 강우규는 이때 노인동맹단과 깊은 인연을 맺게 되는 데, 이 단체는 그의 의거와 관련하여 매우 중요한 위치를 차지한다.

노인동맹단은 1919년 3월 26일 블라디보스토크에 있는 김치보(金致寶)의 집에서 조직되었다. 이날 거행된 발회식에서는 단장에 김치보, 이사원에 홍범도(洪範圖)·유상돈(劉尙敦) 등 16명이 선출되었다. 이 단체는 세계적으로 유사한 사례를 찾아보기 힘든 독특한 특징을 지닌 단체였다. 구체적으로 살펴보면, 먼저 노인동맹단은 46세 이상의 연령 제한을 두고 있었다. '이하'가 아닌 '이상'으로, 단체명에 맞게 노인들만으로 구성된 단체였다. 또한 이 단체는 남녀를 가리지 않고 회원 자격을 부여하였다. 실제로 이 단체의 회원명부에서는 여성의 이름을 어렵지 않게 발견할 수 있다. 이와 같이 조금은 특이했던 이 단체는 조직 당시 독립운동 청년들을 지원할 계획을 가지고 있었다.*

이러한 노인동맹단이 전개한 활동들을 살펴보면 다음과 같다. 노인동맹단은 5월 5일 이승교(李承喬, 李發), 윤여옥(尹餘玉), 김학영(金學永), 안태순(安泰順), 차대유(車大有), 정치윤(鄭致允) 등 대표 7명을 선정하여 국내로 파견하였다. 이들 대표들은 일본에 보내는 문서 2통과 취지서 수백 매, 여비 1만 루블을 지참하고 블라디보스토크에서 출발하였다. 5월 31일, 서울에 도착한 그들은 그날 오전 11시경 종로 보신각 앞에서 민중들에게 연설을 한 후 태극기를 흔들며 "조선 독립 만세"를 소리 높여 불렀다. 결국 이들은 모두 체포되고 말았는데, 이때 이승교는 의로써 치욕을 당하지 않겠다며 칼로 자신의 목을 찔러버렸다. 그는 일경에 의해 대한병원으로 급히 옮겨져 치료를 받았다.** 이후 너무 노쇠하였던 이승교와 정치윤은 러시아로 추방당하고, 안태순은 징역 1년, 윤여옥은 징역 10월, 차대유는 징역 8월을 선고받았다.***

* 국회도서관, 『한국민족운동사료』(3·1운동편 3), 1979, 138~139·358쪽.
** 국회도서관, 『한국민족운동사료』(3·1운동편 2), 1978, 394~395쪽.
*** 독립운동사편찬위원회, 『독립운동사자료집』 5, 1971, 252쪽.

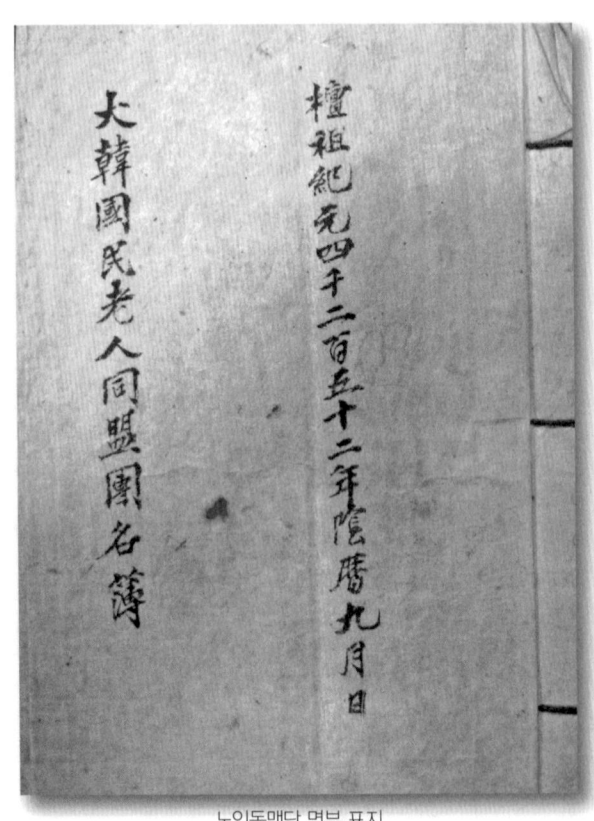

노인동맹단 명부 표지

金致甫　崔東琡　朴穀植　李得萬　朴熙平　金舜若　金鏞臣　兪七奎　金賢五　李南基

鄭南教　徐相矩　李行植　朱鳴基　李崙　金成大　金佐斗　姜錫基　韓承羽　李讚瑞

金益智　李一南　金永柱　李德甫　趙東翼　韓國鍊　奇東吉　朴舜琥　李昌周　韓君呈

노인동맹단 명부

노인동맹단은 이와 같은 만세운동 외에도 조선의 독립 의지를 해외에 알리고자 외교활동에 주력하였다. 그 예로 노인동맹단은 6월 20일 밤 평의원회를 열고 파리강화회의에 한국독립청원서를 제출하는 안건에 대하여 토의하였다. 그리고 여기에서 파리강화회의에 보낼 청원서를 먼저 상해로 보내 그곳에서 불어로 번역하고 다시 파리로 전송하기로 결정하였다.*

또한 노인동맹단은 6월 25일 강문백(姜文伯)과 연병우(延秉佑)를 대표로 파견하여 블라디보스토크 주재 일본총영사관에 「재노령 대한국민노인동맹단 근역혈 도충간(謹瀝血 禱衷干)」이라고 제목을 붙인 독립요구서를 제출하기도 하였다. 이 요구서는 대일본제국 정부대신 앞으로 되어 있고, 대한국민 노인동맹단 대표 김치보 외 20명의 명의로 되어 있다.**

강우규는 의거 이후 1920년 2월 14일에 있었던 첫 공판에서 자신이 노인동맹단에 가입하였다고 분명하게 말하였다. 그렇다면 그는 이 단체와 어떻게 인연을 맺게 되었던 것일

* 일본외무성 사료관 소장, 『시베리아부』 8, 「노인단에 관한 건」, 1919년 6월 26일.
** 김소진, 『한국독립선언서연구』, 국학자료원, 1999, 201쪽. 『시베리아부』 8, 「노인단 행동에 관한 건」, 1919년 6월 3일; 「블라디보스토크에서 노인단이 청원서를 일본영사관 에 제출하는 건」, 1919년 6월 12일; 「노인단에 관한 건」, 6월 13일.

까? 노인동맹단은 발회식 이후 단원들을 모집하기 위해 전단(傳團)위원이라 하여 각 지방에 대표들을 파견하였다. 이에 따라 4월 2일에 는 유태순(劉泰純)이 수분하 및 그로데고보 지방으로, 4월 3일에는 차대유와 최시종(崔侍從)이 각각 수청(현재 빨치산스크)과 이만으로, 그리고 4월 4일에는 이윤(李崙), 김영학(金永學)이 니코리스크 방면으로 향하였다.* 강우규는 이들 가운데 이만지역으로 온 최시종과의 만남에 의해 노인동맹단에 가입하게 된 것이 아닌가 추정된다.** 강우규가 살던 요하와 이만이 지리적으로 인접해 있기 때문이다.

당시 강우규는 자신이 살던 신흥동에서 만세운동을 주동하여 벌일 만큼 나라와 민족을 위한 일에 뜨거운 열정을 지니고 있었다. 그런 그가 이때 노인동맹단을 접하게 된 것이니, 이는 이미 타오른 불에 기름을 부은 것과 같았다. 강우규에게 노인동맹단은 무엇보다 자신과 같은 노인들이 혁명의 주체로 나설 수 있다는 점에서 크게 다가 왔다. 이런 이유로 그가 최시종을 통해 노인동맹단을 접한 이후, 이 단체에 대해 조금 더 알고 싶어하고 여기에 적극적으로 참여하고 싶어

---

* 김소진, 『한국독립선언서연구』, 198쪽.
** 『한국민족운동사료』(3·1운동편 3), 725쪽에서는 강우규가 노인동맹단 단원이었다고 밝히고 있다.

했을 것이라 짐작해 볼 수 있다. 다른 무엇보다 강우규는 이 단체로 인해 자신이 무엇인가 조국을 위해서 할 일이 있을 것이라고 마음 깊이 생각하였을 것으로 보인다.

이렇게 노인동맹단의 존재를 알게 된 강우규의 이후 행적은 다음과 같이 추정해 볼 수 있다. 노인동맹단을 접하고 얼마 후 강우규는 블라디보스토크로 향하였는데, 이때 그는 비킨에서 블라디보스토크로 향하는 철길을 이용하였을 것으로 생각된다. 당시 강우규가 거주하던 신흥동에서 가까운 비킨에는 시베리아 횡단 철도 기차역이 있었기 때문이다. 다른 교통편을 이용했다고 해도 블라디보스토크와 비킨은 먼 거리가 아니었기 때문에 그곳까지 가는 데는 큰 어려움이 없었을 것으로 보인다. 비킨과 블라디보스토크는 걸어서 2~3일이면 도착할 수 있는 거리다.

블라디보스토크에 도착한 강우규는 한인독립운동의 근거지였던 신한촌으로 향하였을 것이다. 그리고 그곳에서 그는 노인동맹단의 간부들에게 그동안 궁금했던 사항들, 즉 노인동맹단의 사업구상 및 추진계획 등에 대한 이야기를 듣게 되었을 것으로 보인다. 즉, 강우규는 최시종을 통해 그 대략적인 것만 알고 있던 노인동맹단을 이때 비로소 구체적으로 알게 되었다고 할 수 있다. 그는 이렇게 그들의 활동과 계획을

노인동맹단이 결성된 블라디보스토크 신한촌 전경

직접 듣고 난 이후 이 단체에 대해 확신을 가지고 그들의 계획에 동참하게 된 것이 아닐까 한다. 이때 신임 총독의 저격 계획도 이루어지지 않았을까 생각된다. 즉 강우규는 그들이 들려 준 이야기를 통해 조선총독 하세가와(長谷川)가 머지않아 그 직을 떠나고 후임총독이 부임한다는 것을 알게 되고, 그들과 함께 새로 부임하는 조선총독의 저격을 논의하였을 것으로 짐작된다.*

　강우규는 하세가와 총독이 떠나는 것은 3·1운동을 통해 조선 통치가 불가능하다는 것을 깨달았기 때문이라고 판단하였다. 즉 하세가와 총독이 조선에 독립을 허용할 수밖에 없다는 것을 깨닫고 그 직을 물러나 조선에서 떠나려 하는 것이라고 인식하였다. 강우규는 일본이 새 총독을 임명한 것은

* 『독립운동사자료집』 11, 596쪽; 『동아일보』 1920년 4월 15일자.

세계의 대세인 민족자결주의를 배반하고 하늘의 뜻을 거역하며 인도를 무시하여 동아시아의 평화를 교란함으로써 조선인 2천만 동포를 궁지에 몰아넣으려는 술책이라고 인식하였다. 따라서 강우규는 새로 부임하는 총독을 세계 대세와 민족자결주의를 무시하고 신성한 2천만 동포를 금수와 같이 보는 자로 규정하였다.* 아울러 독실한 기독교인이었던 그는 신임 총독은 '내 이웃을 사랑하라'는 계명과 '남의 것을 탐내지 말라'는 하나님의 계명을 범한 자이며, 만국공법을 규탄시키고 민족자결주의를 위반하고 세계 여론을 무시한 자라고 인식하였다.**

이러한 이유로 그는 자신의 목숨을 바쳐서라도 신임 총독을 처단해 조선의 독립을 쟁취하고자 하였던 것 같다.*** 결국 1919년 9월 2일, 강우규는 역사에 남을 거사를 실천하였다. 이와 관련하여 그의 집안에서 전하는 말에 따르면, 노인동맹단에서 거사를 모의하였을 때 강우규 자신이 직접 맡아서 하겠다고 자원하였다고 한다. 그러나 이 말이 어떠한 경로를 통해 전해진 것인지는 확인할 길이 없다.****

---

* 『동아일보』 1920년 4월 15일자.
** 『매일신보』 1920년 2월 15일자, 「강우규 심문 내용」.
*** 『독립운동사자료집』 11, 596~597쪽.
**** 강영재, 『신동아』, 189쪽.

후에 자세히 논하겠지만, 현재 강우규 의거의 배후에 대해서는 몇 가지 논란이 있다. 따라서 노인동맹단이 그의 의거에 직접적인 배후였다고는 확실하게 말할 수 없다. 다만 강우규가 노인동맹단을 자신의 의거의 배후라고 거론할 만큼 깊은 인연을 맺고 있었으며, 자신과 같은 노인이 주체가 될 수 있는 단체였다는 점에서 큰 영향을 받았던 것은 분명한 것 같다. 즉 노인동맹단은 노인이었던 강우규에게 심리적으로 큰 자신감과 용기를 심어주었다고 할 수 있다.

신임 총독 사이토, 조선에 오다
– 총독을 맞이하는 환영인파와 조선총독부의모습

신임 총독 사이토 마코토는 1919년 9월 1 일 부산에 도착하여 그곳에서 하루를 머물고 다음 날인 9월 2일에 서울에 입성하게 된다. 신임 총독의 부임은 당시 총독부에게 있어 가장 큰 일이었다. 그들은 이 중대한 행사를사고 없이, 그리고 신임 총독의 마음에 들도록 치루기 위하여 모든 수단을 동원하였다. 이때 당시 힘이 없던 우리 동포들도 그 수단 중 하나로 이용되었다. 우리 동포들은 사이토 총독의 환영식에 강제로 참여하게 되었다.

이번 장은 강우규의 의거가 일어나기 직전의 모습, 즉 사이토의 서울 입성 당시의 모습을 살펴보려 한다. 보다 구체적으로는 사이토가 부산을 통해 서울에 입성한 당시의 모습,

그리고 총독부가 그를 맞기 위해 한 준비 등을 살펴볼 것이다. 이를 위해 일제의 기관지로서 사이토 부임 당시의 상황을 적극적으로 보도한 『매일신보』와 당시 기자였던 유광렬이 이후에 쓴 글을 살펴볼 텐데, 이를 통해 서로 다른 시선에서 바라본 그날의 모습을 확인할 수 있다.

■ 사이토의 서울역 도착과 환영 준비

1919년 8월 29일은 조선이 일제에 의하여 강점된 지 9년째 되는 날이었다. 당시에 의식 있는 모든 조선인들은 이날의 의미를 떠올리며 가슴 아파했다. 특히 1919년은 3·1운동이 전국적으로 일어난 해였기 때문에 그 아픔이 더욱 뜨겁게 느껴졌으리라 짐작해 본다. 이와 같이 조선의 국민들이 가슴속으로 피눈물을 흘려야 했던 그해는 설상가상으로 콜레라까지 크게 유행하여 민심마저 흉흉하던 시기였다.*

신임총독 사이토 마코토는 바로 이러한 시기에 조선에 왔

---

* 정민재, 「일제하 한국에서의 전염병 발생과 대책」, 한성대학교 석사학위논문, 2006, 43쪽.

동경역에서 출발하는 재등실총독과
부인(『동경일일신문』 1919년 9월 3일자)

다. 1919년 9월 1일 오전 신임 총독과 신임 정무총감 일행은 신라환(新羅丸)을 타고 부산항에 도착하였다.

1919년은 신임총독의 부임으로 더욱 더 아픈 해가 되고 마는데, 그것은 이때 동포들이 일제에 의해 강제로 사이토의 환영 행렬에 참석해야 했기 때문이다. 자신들을 지배하러 온 적을 웃으며 맞이해야 하는 기막힌 상황에 처하고만 것이다. 그들의 심정이 어떠했을까? 겉으로는 웃지만 속으로는 피눈물을 흘리고 있지 않았을까?

우리는 이 기막힌 상황을 당시의 신문을 통해 구체적으로 그려볼 수 있다. 그중에서도 일제의 기관지였던 『매일신보』는 당시 상황을 보다 구체적으로 엿볼 수 있게 한다. 『매일신보』는 당시 신임총독의 부임을 대서특필하며 보도하였는데, 이 신문은 9월 2일자 1면에 사설 「재등 신총독과 수야 신총감을 환영함」이란 글을 실어 환영의 뜻을 표하기도 하는 등 신임총독의 부임과 관련한 기사를 적극적으로 실었다. 아래는 같은 날짜에 실린 기사로 여기에는 총독의 도착 상황과

환영 나온 인사들의 이름이 자세히 소개돼 있다.

『매일신보』1919년 9월 2일자

총독총감 일행 부산 안착, 다수 관민 환영

9월 1일 오전 8시 30분 신임총독과 신임 정무총감과 수옥(守屋), 이동(伊東) 두 비서관, 적지(赤池) 내무국장, 서촌(西村) 식산(殖産) 국장, 기타 11명이 탄 신라환(新羅丸)은 기적 소리와 함께 부산항에 도착하였더라. 이때 부평산상(偏平山上)에서는 연혈(恒穴)을 타양(打揚)하여 시민 환영의 뜻을 표하였으며, 이에 선(先)하여 총독부 직원을 대표하여 신임총독을 출영하고자 부산에 온 국분(國分) 법무국장을 시작으로, 좌좌목도(佐佐木道) 지사, 송정(松井)·본전(本田) 두 부윤(兩府尹), 아도(兒島) 헌병대사령관, 등파(藤波) 통역관, 이왕가(李王家) 어(御)파견의 전중(田中) 사무관, 대야(大野) 참모장, 촌전(村田) 소위, 이완용 백작 등과 신문기자, 기타 관민, 무려 300명은 제1 근교(樺橋)에 출영하였으며, 강촌(岡村) 부산역장의 선도로 출영한 총독과 총감은 갑판상에서 출영자에게 일일이 명녕(明寧)한 예사(禮辭)를 술하고, 총독 총감 일행은 구분(國分) 국장, 기타에게 인도되어 상륙하여 준비된 자동차로 대지(大池)여관에 들어갔고, 부인도 함께 대지여관에 들어갔다.

금 2일 오후 5시 남대문 도착 열차로 입성할 인원은 다음과 같다.

총독 남작 재등실(齋藤實), 정부총감 수양연태랑(水野鍊太郎), 내무국장 적지 농(赤池濃), 식산국장 서촌보길(西村保吉), 학무국장 시저선삼랑(柴田善三郎), 경무국장 약 구순길(野口淳吉), 비서관 수옥영부(守屋榮夫), 동 이등무언(伊藤武彦)

해군대좌 육군중위 수행원 2인, 속관(屬官) 8인

재등총독 부인, 수야정무총감 부인, 비서관 부인 가족 1인, 여종 5인, 계 29명.

위의 기사에 따르면, 9월 1일 사이토 총독은 부산에 도착하여 환영 인파들의 환영을 받은 후 자동차로 대지여관으로 이동해 여장을 풀었다. 이날 사이토 일행을 환영하기 위해 모인 사람이 총독부 직원을 포함하여 약 300명이었다고하니, 그 규모와 모습을 대략적으로 그려볼 수 있다.

원래 이날 사이토는 오후에 부산 항내를 시찰할 예정이었는데 오전부터 내린 비로 인해 이 일정은 취소되었다. 부산에서 하루가 그렇게 끝이 나고, 드디어 운명의 9월 2일 아침이 밝았다. 오전 7시 반, 사이토는 환송나온 사람들의 인사를 받으며 부산역을 출발해 서울로 향하였다.* 이때 서울에서는 곧 도착할 사이토 일행을 실수 없이 맞기 위한 총독부의 준비가 한창이었다. 그들의 준비가 얼마나 철저하였는지는 다음의 자료만으로도 충분히 알 수 있다. 총독부는 출영 인파들을 적절하게 통제하기 위해 다음과 같은 환영상의 주의점을 시달하였다.

* 『매일신보』, 「신임 재등총독은 부산에서 열렬한 환영 속에 오전 7시반 경성으로 출발하였다」, 1919년 9월 3일자.

1. 출영자 위치를 도면에 따라 지정할 것.
2. 출영자는 당일 오후 4시 50분까지 남대문역에 도착하여 정차
   장 좌측 방향 화물반출입구로부터 입장할 것.
3. 출영자는 입장하기 전에 수부(受付)에서 계원(係員)에게 명찰(名
   刺)을 교부할 것.
4. 플랫 홈에서는 각자 지정한 위치에 나가 출영할 것.
5. 출영자 일동은 총독 일행의 행렬이 출발한 후에 이를 따라 퇴장
   할 것.

총독부는 이와 같이 출영자들이 설 위치는 물론 그들의 입
장과 퇴장까지 세심하게 계획하고 있었다. 출영자들의 위치
를 정해 놓았다는 것은 『매일신보』 9월 4일자 기사 중 "선시
(先是)에 역에는 총독부 소속 관서관리와 우도(宇都) 부사령관
조부장(趙副將) 이하의 무관과 조선귀족, 외국영사단 및 기타
은행회사, 신문기자 등 경성 관민 무려 1천여 명이 각기 정해
진 위치에 정렬하여"라는 부분을 통해서도 확인할 수 있다.
총독부는 여기에 디헤 출영자들에게 복장을 단정하게 준비
하라고 주문하는 등 사이토 총독 환영에 최대한 예를 갖추고
자 만반의 준비를 다하였다.

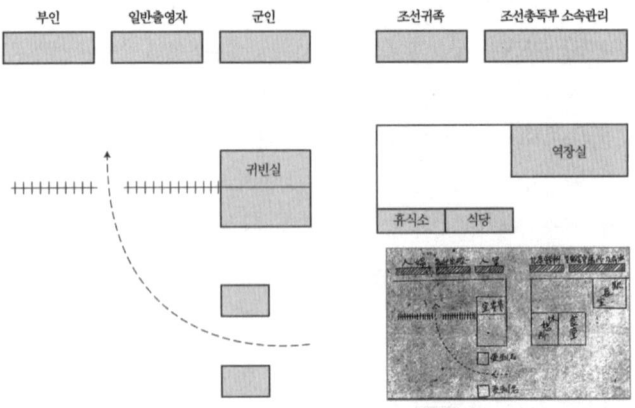

조선총독부가 작성한 사이토 총독 환영 인파의 정렬 위치

아래의 기사는 사이토 총독 일행이 서울역(남대문역)*에 도착한 1919년 9월 2일의 모습을 전하고 있는데, 우리는 이 기사를 통해 사이토 일행을 맞기 위해 총독부가 준비했던 사항들과 당시 상황을 보다 구체적으로 확인할 수 있다.

『매일신보』 1919년 9월 4일자

(전략) 9월 2일 제3대 조선총독 재등실과 제2대 정무총감 수야연 태랑을 환영하는 경성의 천지는 아침부터 국기를 달고 당국에서도 미리 환영함.

관민 일치하여 '신조선통치의 주뇌등(主腦等)'의 부임을 고대하였

---

* 당시는 남대문역이라고 하였음. 이하 서울역으로 통일함.

사이토 총독이 도착한 서울역의 당시 모습 상단 좌는 사이토 총독,
상단 우는 촌전(村田) 소장(『동경조일신문』 1919년 9월 3일자)

수야(水野) 정무총감과 그의 가족　　　서울역에 도착한 사이토
　　　　　　　　　　　　　　　　　　　총독과 그의 부인

다. 오후4시에는 남대문에서 정거장 앞까지 서쪽에는 제78연대 장굴전(長堀田) 대좌의 지휘로 보병 2개 대대가 도열을 벌이고, 동쪽에는 환영하는 일반 민중이 열 겹 스무 겹으로 사람 성을 쌓았고, 대정친목회원, 실업단체, 정거장 앞에는 좌등(佐藤) 숭태랑 중대장이 지휘하는 의장병 한 소대는 각 지점 앞에 머무르고, 정거장에는 환영객이 일찍부터 모여 마침내 정거장 밖에까지 넘칠 듯하였고, 플랫 홈에는 표찰로서 네 구역으로 나누어서 귀빈실을 가운데 두고 군인석, 조선귀족석 왼편으로 총독부와 각 관서의 직원석, 왼편에는 일반 환영석이요, 환영 나온 사람은 우도궁(宇都宮) 사령관, 정법사(淨法寺) 사단장, 아도(兒島) 헌병사령관, 방하(芳賀) 총독부의원장, 도변(渡邊) 고등법원장, 대야(大野) 군참모장, 오전(奧田) 여단장, 촌전(村田) 소장, 적지(赤池) 내무국장, 하내산(河內山) 재무 국장, 서촌(西村) 식산국장, 송영(松永) 도지사, 금곡 부윤(金谷府尹), 청목(靑木) 서무부장, 이완용 백작, 한창수(韓昌洙) 남작, 민(閔) 이왕직 장관, 국분(國分) 차관 등이 주요한 자이며, 기타 영국 총영사, 하례 씨 외에 영사 일동, 은행 측에서는 가납선은(嘉納鮮銀) 부총재, 각 회사 대표, 각 신문 관계자와 실업계의 유지인사 등 무려 일천여 명이 (중략) 모여 오늘 입성하는 일행을 기다렸다.

5시가 되자 121호 기관차가 끌고 온 부산발 임시급행열차가 천천히 역내에 굴러들어 올 때, 한양공원 서쪽, 성벽 855고지에서 야포병 대대가 발사한 19발의 예포 소리는 은은히 경성 용산의 하늘에 울렸다. 열차가 머무른 즉, (중략) 차에 내린 새 총독은 흰 해군 대장 정복에 가슴에는 훈일등 욱일장이 찬란히 번쩍이고, 수야 정무총감, 총독 부인, 총감 부인, 시전 학무국장, 환산 사무관, 수

서울역에 도착하여 마차에 오른 사이토 총독부부와 비서관

우 이등 두 비서관과 부산까지 마중 나간 국분사법국장도 내린다.
출영자는 일제히 모자를 벗고 경례를 하였다.
미소를 띠운 총독은 수야 총감과 더불어 그 뒤에는 총독 부인과 총
감 부인이 따르고, 청목(靑木) 서무부장의 안내로 일행은 플랫 홈을
차례로 환영객 일동의 앞을 통과 하여 정중히 인사하고, 특별히
중요한 손님들과 외국영사단, 조선귀족들에게는 친히 손목을 잡
고 이사한 후 일행은 귀빈실로 들어갔다.*

위의 기사에 따르면, 사이토 일행이 도착하기 1시간 전인
오후 4시에 제78연대 대좌의 지휘하에 보병 2개 대대가 도
열을 벌였고, 오후 5시 사이토 일행이 탄 열차가 도착하자 야

* 『매일신보』 1919년 9월 4일자.

포병 대대가 산상(山上)에서 19발을 발사하였다. 이 모두가 총독부가 신임 총독을 위해 준비한 것들이었다. 이외에도 우리는 이 기사를 통해 당시 서울역 정거장에는 군인석, 조선 귀족석, 총독부와 각 관서의 직원석, 일반환영석이 지정되어 있었으며, 환영 인파의 규모가 유지 인사를 포함하여 무려 1천여 명에 달하였다는 것을 알 수 있다. 사이토 총독 일행은 이들의 열렬한 환영을 받으며 서울에 입성하였다.

■ 조선인 기자의 시선으로 본 그날의 모습

『매일신보』 외에 당시의 상황을 엿볼 수 있게 하는 자료로는 다음의 글이 주목된다. 아래는 사이토 총독이 부임할 당시 기자로 활동했던 유광렬(柳光烈)이 쓴 글로, 이 글은 사이토총독의 부임이 있고 약 10년이 흐른 후에 쓰여졌다. 그의 글은 일본의 기관지로서 사이토의 부임에 무조건적으로 긍정적이었던 『매일신보』는 전하지 못한 당시의 또 다른 분위기를 전해주고 있다.

그럭저럭 하는 동안에 9월 2일이 되었다. (중략) 경성역에 내리는 것을 맞으러 경성역에 나갔다. 경성역도 그때는 지금과 아주 달라서 2층이 아니오, 단층 평가(平家)이며, 이름도 남대문 역이요, 남측으로 귀빈실이 나 있었다.

(중략) 이날의 경계는 실로 삼엄하였으니, 남대문역으로부터 왜성대(倭城臺)까지 서리 같은 총검을 멘 병사가 이중삼중으로 특별히 성을 쌓아 도산검수(刀山劍水)의 감이 있었다. 그리고 기병대는 총검을 매고 말을 달려 가로에서 가로로 간단없이 질주하였다.

백사(白砂)를 녹일 듯하던 열일(烈日)도 이날은 층운(層雲) 속에 감추고 음울한 기분이 있었다. 이날의 시민 간에는 유언비어가 성행하여 남대문역부터 가로(街路)까지는 수만의 군중이 술렁술렁 우왕좌왕하며 알 수 없는 의구불안(疑懼不安)의 공기에 쌓여 있었다.[*]

유광렬의 글과 앞 절에서 살펴본 『매일신보』는 분명 같은 날의 일을 서술하고 있지만, 위의 글에서 그날과 『매일신보』에서 그날은 사뭇 다른 느낌이다. 『매일신보』 기사 속에 있는 사람들은 모두 웃고 있을 것만 같은데, 유광렬의 글 속 사람들은 근심어린 표정을 짓고 있을 것만 같다. 두 글의 차이는 『매일신보』의 "환영하는 일반 민중이 열 겹 스무 겹으로 사람 성을 쌓았고"라는 대목과 유광렬의 글에 "총검을 멘 병사가 이중삼중으로 특별히 성을 쌓아"라는 대목만 보아도 알 수 있다.

---

[*] 유광렬, 「기자생활 10년 비사」, 『동광』 37호, 1932년 9월.

이처럼 유광렬의 글은 당시 강제로 환영 행렬에 동원되었던 민중들의 분위기와 모습을 일제 측의 시선이 아닌 우리의 관점에서 엿볼 수 있게 해준다. 그에 따르면 "이날의 시민 간에는 유언비어가 성행"하였고, "수만의 군중이 술렁 술렁 우왕좌왕하며 알 수 없는 의구불안"에 쌓여 있었다.

강우규의사 의거 당시 서울 남대문 정거장 모습

제4장

65세의 노인,
조선총독을 향해 폭탄을 던지다
-의거의 순간

사이토 일행이 환영 행렬을 뒤로 하고 떠나려던 그 순간, 사이토가 꿈에도 생각하지 못한 일이 일어났다. 사이토라는 침략자의 미소와 삐에로처럼 웃고 있던 환영 행렬의 미소를 단숨에 사라지게 만든, 그날의 역사적인 사건이 말이다. 모든 것이 자신의 뜻대로 되고 있다고 생각하던 신임 조선총독에게 독립에 대한 우리 민족의 강한 의지를 보여준 폭탄 의거가 일어났다. 그것도 20·30대의 젊은이가 아닌, 당시 65세이던 노인에 의해서 말이다.

이번 장은 이 역사적인 의거의 순간을 살펴보려 한다. 이를 위해 먼저 일제의 기관지로서 강우규의 의거를 당시 가장 활발히 보도하였던 『매일신보』를 중심으로 의거 상황을 대략

齋藤新總督の京城入に際し

兇漢突如爆彈を投ず

＝南大門驛前兇行の一刹那＝

總督夫妻は身を以て免れたるも
本社特派員外二十餘名の重輕傷

犯人二名即座に逮捕され連累
尚ほ多數の見込みにて嚴探中

◇二日京城特派員發

本社京城特派員　橘香橘氏は總督府への御
不明なるも恐らく多數あるべし

本社京城特派員　橘香橘氏は逮捕したり

漢は群衆を押分け突如
各新聞社員數名は重傷を負ふに至れり

其の一は五十歳前後の鮮人なりしが

脚部に重傷を負ひ打倒れたり

負傷せる
村田少將
夫人の實家
へ昨日便り

『동경조일신문』 1919년 9월 3일자

적으로 그려 본다. 이를 통해 전반적인 당시 상황은 물론 『매일신보』의 편파적인 보도 태도를 확인해 볼 수 있다. 다음으로 의거의 순간을 보다 세밀하게 들여다보기 위해 그날의 현장을 일직선적인 시점이 아닌, 여러 각도에서 바라보고자 한다. 구체적으로는 현장에 취재를 나가 있었던 『매일신보』 기자, 의거 목표였던 사이토 마코토와 그의 부인이었던 하루코, 현장에 있었던 유광렬, 그리고 강우규 본인이 각각 자신의 위치에서 경험하고 보았던 당시의 모습을 살펴보려 한다. 이와 같은 다양한 시점에서의 접근은 긴박했던 당시의 순간을 보다 풍성하게 볼 수 있게 해줄 것이다.

■ 강우규의 폭탄 투척과 『매일신보』의 보도 논조

오후 5시 서울역에 도착한 총독은 환영 행렬의 열렬한 환대를 받으며 마침내 서울 땅에 발을 내딛었다. 이렇게 또 한 명의 침략자가 우리 땅에 쳐들어온 가슴 아픈 순간이었다. 그러나 침략자를 맞아 준비되었던 이날의 가식적인 환영식

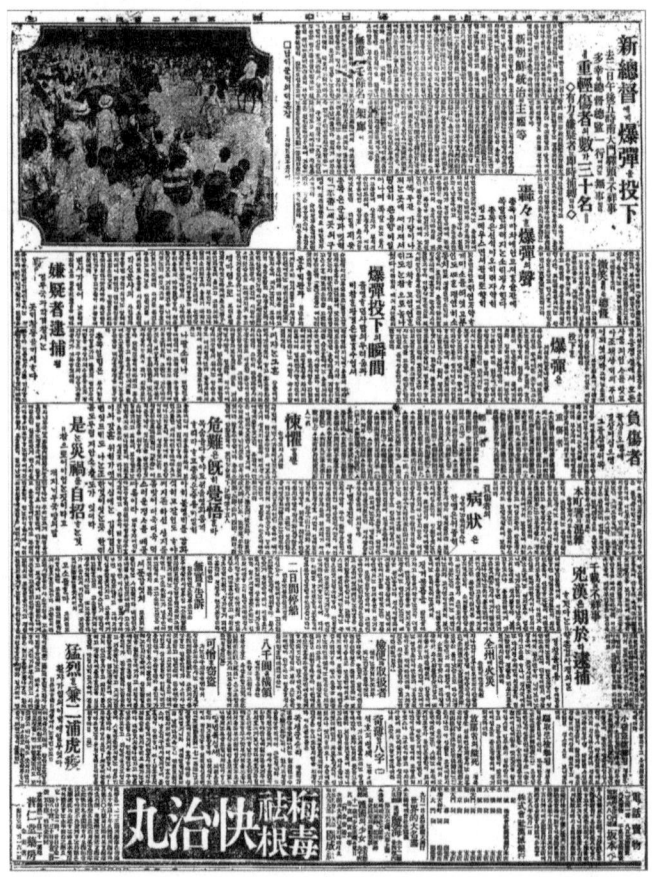

『매일신보』 (1919년 9월 4일자)

은 그리 오래 가지 못하였다. 사이토가 마차에 올라 출발하려던 바로 그 순간, 참고 있던 우리 민족의 울분이 일제히 터지듯 큰 굉음을 내며 폭탄이 터졌기 때문이다. 이 침략자는 당시 65세였던 강우규에게 폭탄 세례를 받는다.

일제의 기관지였던 『매일신보』는 이날의 상황을 다음과 같이 전하고 있다.

『매일신보』 1919년 9월 4일자

역전대 춘사(椿事), 무사히 관저에 들어가다

(전략) 구보(久保) 경관(京官)국장의 선도로 일행이 서서히 하차하였는데, 총독은 순백의 해군 대장군 옷을 입고, 흉간에 욱일(旭日) 1등 부장(副章)을 달고 청목 부장의 안내를 쫓아서 일일이 출영자들에게 악수의 예를 하고, 외국인에게는 악수의 예를 교환하고, 귀족실 입구에서 이왕가어사에 대하여 예를 한 후에, 귀족실 곽하(廓下)를 통하여 광장에서 마차를 타고 출발하고자 할 때, 이에 도열병 일동은 일제히 받들어 총 예를 행하고 총을 발사하는 소리가 울릴 때, ∩∩폭탄으로 인하여 일시 대혼란을 연출해서 비참한 광경을 드러내었다.

이때에 군복과 대검(劍帶)에 폭탄 흔적을 입은 총독은 태연자약한 얼굴로 종전과 같이 부인과 수옥 비서관과 마차를 몰아 1소대 의 징병에 호위되이 대평통(太平通)으로 횡금정(黃金町)을 출발히여 영락정(永樂町) 2정목에서 ○로(路) 관저에 들어갔다.

1919년 9월 2일 오후 5시의 의거 현장
(『매일신보』 1919년 9월 4일자)

사이토 총독에게 문안을 하기 위하여
관저로 들어가는 문무관
(『경성일보』 9월3일자)

굉굉한 폭탄의 소리

- 총독이 마차에 앉고자 한 순간에, 폭발탄이 터지는 소리 굉굉했다.

-총독은 얼굴색이 오히려 자약해, 빙그레 웃으면서 관저로 향해

귀빈실 바깥 어구에는 총독부에서 보낸 마차와 자동차가 기다리고

있었다. 귀빈실을 나온 일행은 각각 나누어 타고, 총독과 부인이

탄 마차가 바로 발을 때어 놓을 때에 돌연히 끽다점 옆 인력거를

둔 곳의 등 뒤에서 총독의 마차를 겨냥하여 폭탄을 던진 자가 있었

는데, 폭탄은 총독을 떼어놓은 뒤쪽 두 간가량이나 되는 곳에 떨

어져서 굉연히 큰 음향이 일어나며, (중략) 그 폭발에 상한자가 부

지기수인바, 드디어 중경상자 29명을 낸 참담한 춘사(椿事)가 일어

났는데, 다행히 재등 총독은 군복과 밑 혁대 세 곳의 구멍이 뚫어

질 뿐이요, 다행히 무사하였다. 수야 정무총감이 탄 마차도 상하

였으나 총감은 아무 일이 없었다. 재등총독은 얼굴빛을 변하지 않

고 태연자약하게 미소를 띠었고, 부인도 또한 편안히 소동치 않고

(중략) 의장병에 호위되어 총감 이하의 일행을 따라 대혼잡의 군중

사이를 통과하여 이왕 정한 순로로 즉시 왜성대 총독 관저에 들어

갔다.

폭탄 투척 후 총독 근황

그 침착하고 엄연한 태도는 참으로 놀라웠다. 이렇게 해서 예기치 않은 피의 세례를 받은 총독 총감은 총독관저 응접실에서 모든 사람의 인사를 받고, 아주 왜성대의 주인이 되었더라. 그때는 오후 6시. 부임 최초에 어려운 불상사를 만난 것은 진실로 미안하기 한량없더라.

같은 날 보도된 위의 세 기사는 사이토가 도착한 직후의 모습과 이어 일어난 강우규의 폭탄 투척 이후의 모습을 구체

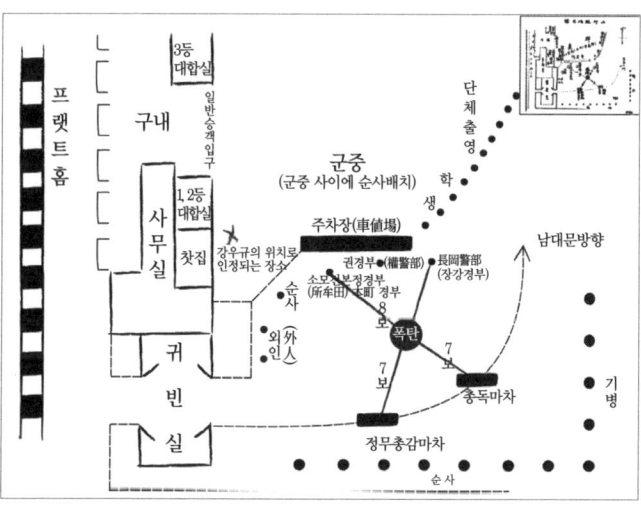

강우규의사의 의거 현장도(일본 아시아역사자료센터 소장)

적으로 전해준다. 강우규는 화려한 환영식을 뒤로 하고 막 떠나려던 사이토 총독을 향해 폭탄을 던졌다. 폭탄은 굉음을 내며 터졌고 이로 인해 많은 수의 사상자가 생겨났지만, 정작 목표였던 사이토는 운이 좋게도 옷에 약간의 상처만 입은 채로 무사하였다.

위의 세 기사에는 한 가지 공통된 점이 있다. 그것은 세 기사 모두 폭탄투척 이후 총독의 안위와 그의 대응 태도를 집중적으로 보도하고 있다는 사실이다. 구체적으로 첫 번째 기사는 "총독은 태연자약한 얼굴로 종전과 같이", 두번째 기사는 "재등 총독은 얼굴빛을 변하지 않고 태연자약하게 미소를 띠었고", 세 번째 기사는 "그 침착하고 엄연한 태도는 참으로 놀라웠다"고 하며 지극히 총독 측의 관점에서 보도하고 있다. 이는 강우규의 의거가 일반에 미칠 영향을 우려한 『매일신보』, 즉 일제 측의 의도적인 보도였다. 『매일신보』는 일반 국민들의 불안과 민족의식을 약화시키기 위하여 폭탄이 터졌을 당시 총독이 침착하고 의연한 태도였다고 집중 보도함으로써 총독의 위엄과 당당함을 보여주고자 노력하였다.

강우규 의거에 대한 『매일신보』의 이 같은 보도는 이후에도 계속된다. 『매일신보』는 강우규 의거를 시대의 변화를 모르는 무식한 늙은이의 망년된 행동이라고 하며 평가절하하였다. 이는 다음의 기사들에 잘 나타나 있다.

『매일신보』 1919년 10월 7일자

투탄 진정 범인 강우규 체포, 지나간 9월 17일에 시내 누하동에서
잡혀
지난 9월 2일 조선 통치의 대명을 받고 새로 부임하는 재등 총독
을 암살하려고 폭탄물을 던진 범인 강우규는 지난 9월 17일에 시
내 누하동에서 본정 경찰서 경찰관의 손에 잡히어서 그 후 동서에
서 취조 중이더니 이번에 검사국으로 넘겨갔다.

범인의 소성(素性), 본디 완강한 배일파요, 조선 사정을 모르는 자
폭발물을 던진 강우규는 당년 65세의 노인으로 평안남도 덕천에
서 출생하여 어렸을 때 글방에서 한문을 공부한 외에는 아무 학력
이 없으며, 중년에 야소교 장로교회에 입교하여 지금까지 그 교를
믿는 중이며, 30여 년 전에 함경남도 홍원군으로 이사하여 그곳에
거주하다가 그 후, 즉 지금부터 10년 전에 북간도 두도구로 이사하
였다가, 4년 전에 다시 지나 길림성 요하로 이사하여 사립학교를
설립하고 청년 자제를 교육하며, 한편으로는 야소교를 전도하였으
며, 해삼위 근방으로 다니며 오로지 일본을 배척하는 사상을 고취
하기로 일을 삼았으며, 항상 과격한 조선인들과 서로 교제하며 오
랫동안 벽지에 있으면서 조선 사정을 잘 알지 못하는 자이다.

범죄의 동기
- 얼마 남지 않은 생명을 던져서 이름을 드러내

금년 봄 3월에 손병희 등이 조선 독립을 선언하고 소요를 일으키자, 이에 응하여 사방에서 연하여 일어나메 강우규의 거주지 되는 길림성 요하부근에 있는 조선이 이미 독립된 줄로 믿었다가 그 일이 허사됨을 알고 통분함을 마지아니할 때에 당시 해삼위에서 거주하는 완고한 이들이 조직한 소위 노인단에서 이동휘의 부친되는 이발 이하 7명이 대표가 되어 조선으로 건너왔으나 아무 일도 하지 못하고 다 경성 종로에서 저의 목을 자기 손으로 찌르고 관헌에게 붙들린 후에 경찰서에서 독립운동의 무모함을 깨닫고 돌아가메 강우규는 늙은 팔을 뽐내어 얼마 남지 않은 생명을 한번 던지어서 이름을 세상에 드러내리라고 하고 그 기회를 엿보던 중, 마침 장곡천이 갈리어간다는 말을 듣고 신총독이 부임하는 때에 한 번 큰일을 하여 보면 일이 만일 실패가 될지라도 이름이 세상에 드러나리라하고 결심을 한 모양이더라.

위의 기사들은 강우규가 완강한 배일파로서 조선의 사정을 잘 모르는 자라는 측면에 비중을 두고 있다. 즉 강우규의 의거를 배운 것도 별로 없는 무식한 인물이며 더구나 조선 사정을 잘 모르는 해외 시골 늙은이의 행동으로 치부하였다. 이와 함께 『매일신보』는 사건의 동기 역시 노인으로서 세상에 이름을 내고자 하는 개인적인 욕심에서 비롯된 것이라고 축소·왜곡 보도하고 있다. 『매일신보』는 노인동맹단에 대해서도 이와 같은 보도 태도를 취하고 있는데, 노인동맹단을

"완고한 이들이 조직한" 단체라고 하고 "이동휘의 부친되는 이발 이하 7명이 대표가 되어 조선으로 건너왔으나 아무 일도 하지 못하고 다 경성 종로에서 저의 목을 자기 손으로 찌르고 관헌에게 붙들린 후에 경찰서에서 독립운동의 무모함을 깨닫고" 돌아갔다고 평가절하하였다.

『매일신보』는 이렇게 편파적으로 강우규의 의거를 보도했지만, 그럼에도 당시의 상황을 살펴보는 데 있어 가장 많은 정보를 제공해주는 자료라는 점은 부인할 수 없다. 실제로 『매일신보』1919년 9월 4일자에 실린 아래의 기사는 당시 강우규가 던진 폭탄의 파장, 즉 폭탄으로 인해 피해를 입은 이들의 인적 사항을 자세히 알 수 있게 해준다.

부상자─중상 5명에 경상이 15명, 그중 3명 위독

2일 밤 재등 총독은 이번 폭탄사건에 조난, 부상자에 대하여 위문의 특사를 보내어 그 증세를 위문하였다더라. 부상자의 성명, 직업 및 중경상자의 치료 장소는 다음과 같다.

1)중상자

대판매일신문 특파원 교향굴(橋香堀), 산구간남(山口洙男)

본정(本町) 서장 소모전십태랑(小牟田十太郎)

군사령부 원 부관(元 副官) 대위 현 만철서인 야진요태랑(野津要人郎)

고양서 순사 박재구(朴齋九)

2)경상자

총독부 무관 촌전(村田) 소장

이왕직 사무관 이원승(李源昇)

본정서 경부 권오용(權五鎔)

미국부인 하리손 부인(조선호텔)

경성일보 사진부원 무정연태랑(武井延太郞)

동 사진부원 구도행태랑(久渡幸太郞)

본정서 형사 박진화, 종로서 순사 안무정(安武政), 박완식(朴完植)

등등

　강우규의 의거는 비록 목표했던 사이토에게는 치명적인
피해를 주지 못하였지만, 총독부를 비롯하여 일제에 큰 타격
을 입힌 사건이었음을 위의 『매일신보』 기사를 통해 확인할
수있다.

■ 여러 시점에서 본 의거의 순간

▣ 『매일신보』 기자의 시점

　『매일신보』에 실린 아래의 기사는 의거의 순간을 보다 생
생하게 전하여 주는데, 이 기사는 의거 현장에 있었던 기자

가 자신의 시점에서 바라본 그날의 모습을 서술하는 방식으로 쓰여져 있다. 이 기사는 특히 폭탄이 투척되던 순간과 직후에 그 속에 있었던 사람들의 반응과 상황을 생동감 있게 전하여 준다.

『매일신보』 1919년 9월 4일자

폭탄투하의 순간
– 출영하던 사람의 두려움과 비참한 광경은 말할 수 없어
수원역까지 푸록코트를 입고 있던 재등 총독은 어느 틈에 바꿔 입었는지 해군대장의 복장을 입고 은은한 대포의 소리를 들으면서 남대문역 플랫홈에 나왔더라.
출영하는 문무백관과 일반유지에게 일일이 인사를 하고 정거장 왼편에 있는 귀빈실 출입구로 나와서 마차를 타려고 하는 즈음에, 기자는 먼저 돌아나가서 총독 출발의 광경을 보려고 귀빈실 옆에 있는 끽다점(찻집)으로 들어갈 때, 문간에 사람이 빽빽이 서있음으로 들어가지 못하고 잠깐 걸음을 멈추니 이때에 총독은 끽다점으로부터 6, 7 간격하여 있는 마차에 춘자(春子) 부인과 함께 오르고 그 뒤에 마차에는 정무총감과 중린이 타고 나팔이 소리와 함께 총독의 마차는 움직이기 시작하였더라. 눈 깜짝할 동안에 기자의 옆으로부터 한 간쯤 되는 곳, 끽다점의 창아래로부터 총독의 마차를 향하여 석유황갑과 같은 검은 물건을 내어던지었는데, 바로 기자의 눈앞으로 스쳐 지나갔더라. 그 검은 물건은 두 줄로 늘어놓은 인력거를 넘어서 바로 총독을 사진 박으려던 각 신문사의 사진반

과 경호하던 경관이 서 있는 앞에 떨어지더니 별안간 천지를 진동하는 우레 소리 같은 굉열한 소리와 함께 터졌다. '폭발탄이 아닌가?' 하고 가슴이 서늘하여졌다.

(중략) 얼마 지나서 총독의 마차는 비로소 움직이기 시작하였다. 홀연 굉연한 음향과 함께 격렬히 공기를 충돌할 때에는 총독의 마차 부근에 있던 사람이 모두 엎드렸다. 계속하여 모든 사람은 각처로 흩어져서 도망할 길을 찾으며, 피를 흘리며 정신이 빠져서 달아나는 사람이 속속히 발견되었다.

기자는 그 혼잡중에 어떤자가 던졌나 하고 흉도를 찾았으나, 벌써 혼잡중에 종적이 사라져 버렸다. 그래서 관헌과 병사와 구경꾼들도 이 못된 흉한이 있던 곳을 알았지만은 그 달아난 곳과 얼굴 모양 같은 것은 거의 아는 사람이 없었다. 이 사이에 정거장 앞 넓은 마당에도 열 한 병정과 의장병의 위치는 엄숙히 조금도 어지럽지 않게 총독 부처의 마차에 계속하여 총감 부처의 마차는 나팔소리 내며 행진을 하며 관저에 들어갔다.

구경하던 사람들은 바야흐로 물결 흩어지듯 흩어졌다. 그런데 가장 비장한 것은 부상한 사람의 대부분이 장관 명사와 호위 관헌과 신문기자 등이어서 각기 직무로 인하여 다친 것을 잊어버리고, 혹은 경호를 하고 혹은 사진기계를 손에 들고 혼란한 광경을 박는 등 눈물 날 비장한 광경을 이루었다.

총독 일행은 무사히 정거장 앞을 지나가고, 관헌의 범인 수색 활동, 부상자의 수용 등으로 정거장 앞은 구경꾼의 잡담과 불안의 공기가 가득하였더라.

위의 기사를 쓴 『매일신보』 기자는 사이토 총독이 출발하

는 광경을 가까이에서 보기 위해 근처에 있던 찻집으로 들어가려다 이미 가득찬 사람들로 인해 들어가지 못하고 있었다. 그러나 기자는 이로 인해 오히려 폭탄 투척의 순간을 조금 더 상세하게 목격하게 된다. 폭탄은 "바로 기자의 눈앞으로 스쳐 지나"갔던 것이다. 기자의 눈앞을 지나간 "그 검은 물건"은 "두 줄로 늘여놓은 인력거를 넘어서 바로 총독을 사진 박으려던 각 신문사의 사진반과 경호하던 경관이 서 있 는 앞에 떨어"졌다. 기자는 이 순간 "폭발탄이 아닌가?'하고 가슴이 서늘하 여졌었다"고 서술하고 있다.

폭탄이 터진 순간 사람들은 "각처로 흩어져서 도망할 길을 찾으며, 피를 흘리며, 정신이 빠져서 달아"났다. 이 기자는 "부상한 사람의 대부분이 장관 명사와 호위 관헌과 신문기자 등"이었는데, 이들이 그 혼란한 와중에도 "각기 직무로 인하여 다친 것을 잊어버리고, 혹은 경호를 하고 혹은 사진기계를 손에 들고 혼란한 광경을 박는 등 눈물날 비장한 광경을 이루었다"고 하였다. 이울러 기자는 폭탄을 던진 이를 "못된 흉도"라고 표현한 반면, 폭탄이 터졌을 당시의 장병 등이 "엄숙히 조금도 어지럽지 않게" 총독을 호위하여 총독이 무사하였다고 보도하였다. 이 기자 역시 『매일신보』의 보도 태도에 입각하여 기사를 서술하였다는 것을 알 수 있다.

▣ 사이토 총독 부부의 시점

그렇다면 의거의 목표였던 사이토 본인은 강우규 의거를 어떻게 바라보았을까? 이는『매일신보』1919년 9월 4일자에 실린 다음의 기사를 통해 확인해 볼수 있는데, 사이토는『매일신보』기자와 가진 대담에서 다음과 같이 말하였다.

『매일신보』1919년 9월 4일자

위난은 이미 각오한 바, 목숨을 다하여 조선을 영화롭게 하리라고 총독은 조용히 말해

총독관저에 재등 총독을 찾아보고 그 조난된 일에 대하여 인사를 한 기자에게 "마차가 떠나고자 할 때에 등 뒤에서 큰 음향이 일어난 줄로 생각하였는데, 도착한 뒤 군복과 혁대에 작은 구멍이 있는 것을 발견하였소. 나는 군국을 위하여 총독의 정임을 가지고 조선에 부임한 후는 한번 죽기로서 나라 일에 진취할 것을 당초부터 생각한 바이라, 이와 같은 위해가 몇 번 있더라도 나는 조금도 두렵지 않소. 차라리 불령배를 감화시키고 잘 인도하여서 지존하신 성지를 몸 바쳐 더욱 더욱 덕스러운 정서를 베풀 따름이라."하였다.

또 부상자에 대하여는 상당히 위문의 방법을 강구할 생각이라고 조용히 말하였는데, 내심에는 깊이 결심한 것이 있는 듯한 태도가 있더라.

사이토는 강우규의 의거 당시 상황을 회고하며 자신은 이러한 일이 조금도 두렵지 않다고 말하였다. 그는 이처럼 비교적 담담하고 태연한 태도로 이날의 사건을 회상하였지만, 한편으로는 이 일에 대한 불쾌한 심정을 그대로 나타내기도 하였다. 이는 같은 날 실린 다음의 기사를 통해 확인할 수 있는데, 사이토는 범인을 놓친 것에 대하여 분개하며 독립운동 세력에 대한 불쾌함을 다음과 같이 드러냈다.

제일 유감되는 것은 범인을 도망가게 한 것이다. 그들의 흉행의 목적은 재등 일개인에 대한 것이 아니고 그들 도배(徒輩)는 언제까지든지 독립의 꿈을 깨지 못하고 오직 소요케하려는 것 밖에 하등 독책이 없는 우배(愚輩)에 불과하니 나는 이러한 무리는 안중에도 없고, 이들에게 만족을 주기 위하여 조신총독으로 온 것이 아니다.

한편 『매일신보』 9월 6일자 기사는 강우규의 의거 당시 상황을 사이토 총독의 부인인 하루코(春子)의 시점에서 바라볼 수 있게 해준다. 그녀는 『매일신보』 기자와의 면담에서 그날의 상황을 다음과 같이 상세히 언급하고 있다.

『매일신보』 1919년 9월 6일자

총독 부인의 실견담
– 폭탄 투하의 순간 총독은 소불변색(少不變色), 오직 혁대에 구멍이 생겼을 뿐

그 당시의 광경은 지금도 완연히 눈앞에 보이는 듯하오. 여러분과 인사를 마친 후에 귀빈실을 나서서 문 밖에 기다리고 있는 마차에 나와 주인이 나란히 앉고 앞에는 이등(伊藤)비서관이 앉았었소. 마부가 말끈을 채이며 말이 앞발을 내어놓으려고 할 적에 돌연히 이상한 소리를 들었습니다. 나는 전과 같이 예포의 소리인가 생각하고 별로 놀래지도 아니하였는데, 오른편에 앉았던 주인이 가만한 목소리로 그러나 힘있게, "마졌소. 마저" 하며 두 번이나 거푸 말씀하시기로 "무슨 일입니까?"하고 "무릎측 폭발탄"이라고만 하시고 다시는 아무말도 없으시므로 나는 비로소 놀래어 마차 안에서 본 즉, (중략) 사람들이 번덕 번덕 세네 사람이나 넘어지며, 벌건 피가 흐름을 보았소. '우리 때문에'라고 생각한 즉, 더욱 미안한 생각이 나서 곧 뛰어 내려가 안아 일으키고도 싶었지만 그렇게 못하였습니다. 이것도 눈깜작할 동안이었고, 마차는 곧 다름질함으로 주인은 어떠한가 본즉, 태연자약하게 털 하나 까딱하지 않으므로 그리 다치지는 아니하였음을 알고 안심하였습니다. 관저에 이르러서야 자세히 본즉, 마차에는 5~6곳이나 폭탄 조각을 맞았고, 그 나머지 작은 조각 2~3개가 다시 주인의 혁대를 뚫고서 군복에까지 뚫고 들어왔으니, 이 혁대는 보통 혁대와 달라서 해군의 혁

대는 특별히 두터운 것이니 만약 군복을 입지 아니하였다면, 배에 다소간 상처를 내었을지도 모를 것이오. 과연 하나님의 도움이라고 여겼습니다. (하략)

그녀는 마차가 출발하려고 할 때 "이상한 소리"를 들었지만, 처음에는 "예포의 소리인가 생각하고" 별로 놀라지 않았다고 말하였다. 그녀의 증언은 강우규의 의거가 발생했을 당시 마차안의 모습을 그려볼 수 있게 해준다. 그녀가 "무슨 일입니까?" 하고 물었고, 사이토는 "무릎측 폭발탄" 이라고 대답하였다. 그리고 그녀는 마차 안에서 사람들이 쓰러지는 광경을 목격하였던 것이다. 어울러 사이토의 혁대가 해군의 혁대로 특별히 두꺼운 것이었기 때문에 사이토가 상처를 입지 않았다는 것 등을 그녀의 증언을 통해 알 수 있다.

◼ 강우규 의사의 시점

지금까지 현장에 있었던 『매일신부』 기자, 사이토 총독, 그리고 총독의 부인인 하루코의 시점에서 의거의 순간을 살펴보았다. 이제 의거 당사자인 강우규의 시점에서 그날의 일을 추적해 보고자 하는데, 이는 그가 체포된 이후에 실린 다음 의 기사를 통해 해볼 수 있다.

『매일신보』 1919년 10월 7일자

당시의 광경

－구경꾼틈에 끼어 폭탄을 던지고 도망해

강우규는 지난 9월 2일 오후 5시에 신 총독이 남대문역에 도착하자, 이 보다 먼저 환영하는 사람과 구경꾼 틈에서 구경꾼인 체하고 미리 준비한 폭발탄을 가지고 남대문역 귀빈실 현관에서 상거가 얼마 안 되는 인력거와 구경꾼이 늘어선 곳에 가까이 서서 신문지에서 본 신 총독의 얼굴을 기억하고 신 총독이 귀빈실에서 나와 마차를 타려고 하는 것을 보고, 가졌던 폭발탄으로 총독을 겨누고 던지었으나, 총독이 무사하였음을 보고 낙심천만하여.(하략)

강우규는 "환영하는 사람과 구경꾼 틈에서 구경꾼인 체하고" "인력거와 구경꾼이 늘어선 곳에 가까이 서서" 사이토를 기다리고 있다가 "총독이 귀빈실에서 나와 마차를 타려고 하는 것을 보고, 가졌던 폭발탄으로 총독을 겨누고" 던졌으나 총독에게 직접적인 타격을 입히지는 못하였던 것이다. 사이토를 환영하는 수많은 사람들 속에서 홀로 독립에 대한 염원을 품고 굳건하게 서 있었을 강우규의 모습이 그려진다.

▣ 조선인 기자의 시점

유광렬은 당시 기자로서 의거현장을 생생하게 목격했던 인물이다. 그는 강우규의 의거가 있고 10년 정도가 흐른 뒤에 그날의 상황을 다음과 같이 술회하였다.

(전략) 재경(在京) 각국 영사, 조선귀족 급 민간인사, 신문기자가 차례로 나열하였었다, 정각은 되었다, (중략) 특별열차가 들어 닿더니 설백(雪白)의 해군대장복을 입은 사이토가 내리며 공순(恭順)이 모든 출영인에게 일일이 인사를 하고 지나간다.

유광렬

사이토는 곧 귀빈실을 지나 마차에 올랐다. 새 총독을 카메라에 넣으려고 각 신문사 사진반과 각 신문 특파원들이 앞을 다투어 나간다. 남산공원에서는 전시(全市)를 위압하는 듯이 예포가 울린다. 이 예포가 끝나고 총독이 탄 마차가 떠나려는 순간에 따당-땅-쾅-하는 급전(急電) 같은 소리가 나더니, 대지가 울근 울근 울리며 모든 사람의 가슴에는 전광(電光) 같은 일말의 공포가 지난다. 숨이 막힐 듯한 불안과 심장이 선 듯한 경해(驚駭)가 일시에 엄습한 것이다.

조선총독 사이토는 별 피해를 입지 않았지만, 강우규의 투척은 환영 나온 인사 37명의 사상자를 내었다. 즉, 변두리에 흩어진 파편으로 대판조일 신문사 경성특파원 귤향귤(橘香橘)이 복부에 탄편 하나가 관통하여 복관(腹管)을 손상시켜 복막염 및 폐렴을 일으켜 그해 11월 1일 상오 9시 사망하였다. 경기도 순사 말홍우이랑(末弘又二郎)은 탄편이 왼쪽 대퇴부를 뚫고 들어가 외상성 폐혈증을 일으켜 그해 9월 11일 하오 사망했다.*

순사, 순시 현장 즉사, 양대 신문기자 참사

정거장에 나와 보니 모든 사람의 얼굴에 공포와 경해(驚駭)가 물결쳤다. 사복형사가 구석구석에 서서 기찰(譏察)하고 있다. 폭탄 터지던 현장에 서있던 양모(楊某)를 유력한 혐의자로 경찰에서는 흘겨보는데, 그는 그때에 발을 몹시 상하여 세브란스병원에 입원 중이요, 병실은 정서복 경관이 성을 쌓았었다고 한다.

나는 대개 이만큼 알아가지고 전차로 서대문정 지국에 들어오니 동료들은 이미 남대문 사변이 일어난 줄은 알고, 내가 안 돌아오기 때문에 혹 검거나 되지 아니하였나, 현장에서 부상하지 아니하였나 하여 마중 나가는 중이었다고 한다. 지국 2층에는 이상협(李相協)씨가 와서 고요히 경성통신(당시 대환장부(大垣丈夫)라는 일본인이 경영하는 통신)을 뒤지고 있더니 부리나케 현장 광경을 묻고 신문 전보의 문안을 초(草)하여 주기로, 나는 그 문안을 가지고 광화문 우편국으로 달려갔다. 광화문 우편국은 역시 지금 있는 자리에 있었으나 목제평가(木製平家)로 종업원도 지금 보다는 훨씬 적을 때이다. 계원(係員)은 나의 전보를 받아 들고 역시 얼굴이 긴장하면서 들어다 본다. 그도 이 선풍적 돌발사건에 직업적 냉정을 잃었던 모양이다. 나는 "될 수 있는 대로 속히 보내 달라"고 하니 그도

* 위와 같음.

"네. 될 수 있는 대로 속히 보내겠습니다"하며 시계를 바라다본다. 그날 밤에는 전 경성에 대수색령이 내리고 수찰 본부는 현 체신국 간이보험과가 있는 종로경찰서이었다. 나는 기자 된 후 처음으로 사변 익일에 경찰서에 가서 당시 고등계 주임이던 강본모(岡本某)를 만나보니, 그는 한밤을 꼬박 새었다 하면서 붉어진 눈으로 "아직 대중을 잡을 수 없습니다" 한다.

사변 당일에 부상자 30여 명 중에 경기도청 순시(巡視) 1명, 본정 경찰서 순사 1명이 즉사하고, 제일 선두에 섰던 대판조일신문 특파원 귤향모(橘香某)와 대판매일 신문 특파원 산구간남(山口謙男)은 중상을 하여 1년 유여를 앓다가 필경 치사하고 말았고, 경성일보 기자, 조선신문 사진부원도 부상하였었다.*

유광렬은 폭탄이 터졌을 당시를 "대지가 올근올근 울리며 모든 사람의 가슴에는 전광(電光) 같은 일말의 공포가 지난다. 숨이 막힐 듯한 불안과 심장이 선 듯한 경해(驚駭)가 일시에 엄습한 것이다"라고 회고하고 있다. 위의 글은 폭탄으로 인해 사망한 이들이 어떠한 경로로 사망에까지 이르게 되었는지를 구체적으로 전해주는 한편, 사건 초기에는 폭탄이 터지는 현장에 서있던 "양모(楊某)를 유력한 혐의자로" 지목하였다는 것을 알 수 있게 해준다. 위의 글에 따르면, 폭탄이 터진 그날 "밤에는 전 경성에 대수색령이 내리고" 유광렬이 사

---

* 유광렬, 「기자생활 10년 비사 2」, 『동광』 38호, 1932년 10월.

건을 담당한 고등계 주임에게 사건에 관해 물어보니 "한밤을 꼬박 새웠다하면서 붉어진 눈으로 '아직 대중을 잡을 수 없습니다'"라고 하였다고 한다.

이와 같이 유광렬의 글에는 의거가 일어난 이후의 긴장감과 긴박함이 그대로 묻어나 있다. 이와 함께 그의 글은 일제 측의 기관지로서 편파적인 성향을 지녔던 『매일신보』와 달리, 강우규의 의거 당시의 상황을 비교적 객관적이면서도 다양하게 바라볼 수 있게 해준다.

아래는 일본아시아역사자료센터에 보관되어 있는 문서로 지금까지 일반에 공개된 적이 없는 자료이다. 1919년 9월 2일 일제에 의해 작성된 강우규 의거에 관한 첫 번째 보고문으로 당시의 상황을 생동감 있게 전달해 주고 있을 뿐 아니라, 부상자 명단과 현장도면 등도 함께 담고 있어 자료적인 측면에서도 큰 의미를 지니고 있다.

〈총독에 대한 불령선인의 흉악한 행동〉

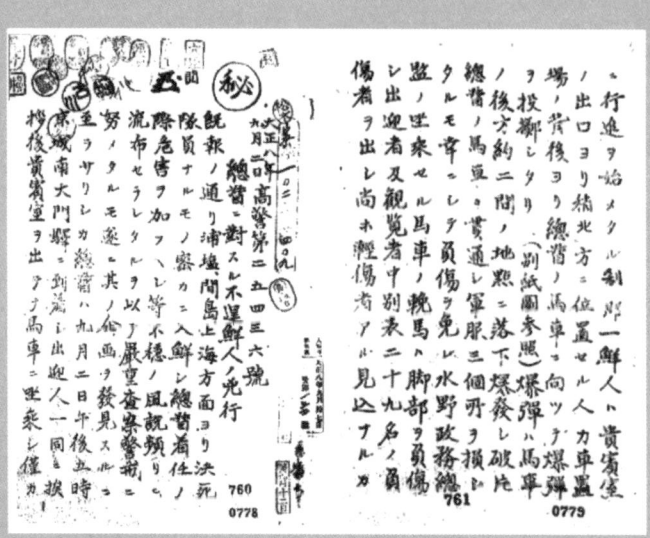

重傷者ハ村田陸軍少將、野津鐵道囑託、小牟田本町署長、橘大阪朝日新聞特派員、山口大阪每日特派員ノ五名ナリ

現場ニ在リ爆彈ヲ投セシ者ノ談ニ依レハ、櫛セシ年齡五十歳前後ノ一見紳士風ノ朝鮮人ナリト云フ、然ルニ犯人ハ混亂ノ際逸走シ、目下嚴重捜索中ナルモ、雜沓ニ紛レ遽ニ逮捕スルコト能ハサルハ遺憾トス

座所又ハ職業	氏　名
負傷者氏名	名治藥先
本町署長 小牟田十太郎	自宅
本町署警部補　五郎	鑑當府醫院
本町署刑事 朴貞和	自宅
姬路署巡査 池政一理	上
全 朴完橫谷	上
大阪每日新聞記者 橋香	總督府病院
大阪每日新聞社員 橋瀨戶	病院
大阪朝日新聞記者 山口鐵男	總督府醫院
朝鮮新聞記者 川原清太郎	和田醫院

職業	氏名	病院
朝鮮新聞記者	久淺幸太郎	和田醫院
鐵道經理局長	久保要藏	自宅
總督附武官	村田少將	龍山衛戍病院
高橋附武官	朴聖八	納曾府醫院
鐵道局囑託	野津要太郎	鐵道病院
東淺日報記者	竹井迎吉	島崎病院
朝鮮人	橋本捨次郎	輕傷
伊藤鍬吉	近藤龜吉	全 上
（英人）ハリソン夫人	輕傷	

				鮮人男一		全 上

767

開城南面石里	京城旭町伊伴屋	伊藤組車夫				子爵李泰武附	京畿道第一部醫部	子爵閔泳孫附	前回九三、申大
楊昌	鮮人男(三年)	岩尾茂	朴弘植	朴在仁	嚴寛瑛	墨池光緣	金泰錫		李白駿甚
繼督府醫院	輕・傷	セアンス病院	仝上	仝上	今永病院	體・傷	體傷		繼督府泰院

766

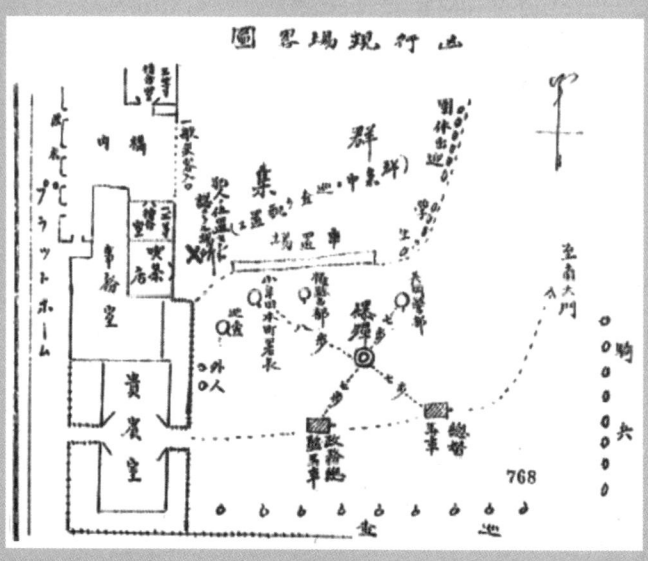

出行場現器圖

768

87

제5장

강우규 의거의 탄생 비화
-의거를 위한 준비들

　전설은 한순간에 '뚝딱' 하고 만들어지는 것이 아니기에 저마다의 탄생 비화를 갖기 마련이다. 그것이 만들어지기까지 어떠한 일들이 있었는지에 대한 것들 말이다. 의열투쟁의 전설이 되어버린 강우규의 의거 역시 1919년 9월 2일, 그 한순간을 위해 거쳐왔던 많은 시간들이 존재한다. 이번 장은 그날이 있기까지, 즉 전설이 만들어지기까지 있었던 숨은 이야기들을 꺼내 보고자 한다.

　이를 위해 먼저 의거가 있기까지의 전 과정을 시간의 흐름에 따라 살펴볼 것이다. 이를 통해 1919년 9월 2일, 강우규의 손에 폭탄이 들리게 되기까지 어떠한 일들이 있었는지를 한눈에 파악 할 수 있다. 다음으로 거시적으로 살펴보았던 그

과정을 다음과 같은 소제목하에서 보다 구체적으로 들여다 볼 것이다. 즉 "폭탄은 어떻게 구입하였는가!", "자금은 어떻게 마련하였나?", "의거에 참여한 인물들은 누구인가?", "의거의 '숨은' 배후는 누구인가?" 하는 것이다. 이를 통해 우리는 강우규의 의거가 그를 비롯한 많은 이들의 노력에 의해 이루어진 것이라는 걸 알 수 있다.

■ 의거까지의 전 과정 살펴보기

1919년 6월 11일, 강우규는 블라디보스토크를 떠나 일본배 에치고마루(越後丸)를 타고 6월 14일 아침 원산에 상륙하였다. 이 때 그의 옷 속에는 1919년 9일 2일, 세상을 깜짝 놀라게 만들 폭탄이 숨겨져 있었다. 블라디보스토그를 떠닐 때 그는 폭탄을 헝검에 싸서 꿰맨 뒤, 한끝을 허리에 매고 두루마기 밑 옷 속에 찼던 것이다.* 원산까지 무사히 도착한 강우규는 원산부 본정(本町) 5정목 42번지 원일(元一)여관에 투숙

* 『독립운동사자료집』 11, 597쪽.

원산 본정 거리

원산 전경

하였다.

강우규는 여정의 피로가 채 가시기도 전에 곧바로 거사를 위한 준비 단계에 돌입한다. 6월 15일, 그는 원산부 광석동(廣石洞)에서 최자남(崔子南)이라는 인물을 만나 자신의 거취 문제를 논의하였다. 강우규와 최자남은 블라디보스토크에서 인연을 맺어 서로 알고 지내던 사이였다. 논의 끝에 그는 원산부 상동 183번지 최자남의 집에서 머물게 되었다. 이에 따라 그는 블라디보스토크에서부터 지녀 왔던 폭탄을 최자남의 집 천장 위에 숨겨두게 된다.* 이렇게 거취 및 폭탄 보관 문제가 해결되었다. 강우규는 이후 신문을 통해 신임 총독이 언제 내임하는지 등의 정보를 모으며 다음 일정을 준비해 나갔다.**

그렇다면 이렇게 강우규가 의거를 준비할 수 있는 기반을 마련해 준 최자남이란 사람은 누구이며, 또 그가 이와 같이 강우규를 돕게 된 것은 어떠한 이유에서 였을까? 최자남은 황해도 재령군 출신으로 1910년경 장사를 하기 위해 블라디보스토크로 도항하였다가 1918년 음력 1월에 귀국하였다. 그는 이후 원산부 상동 183번지에 거주하면서 잡화상을 경영

---

* 『독립운동사자료집』 11, 80쪽.
** 『독립운동사자료집』 11, 597쪽.

해 온 인물로 알려져 있다.*

최자남이 강우규를 도와주게 된 것은 5년 전 여름 최자남이 러시아 연해주 니코리스크에 살 때 맺은 인연 때문이었다. 니코리스크에서 최자남의 처가 갑자기 병에 걸리게 되었는데 이때 한의사 강우규가 그 병을 고쳐주었다.** 최자남과 그의 처에게 강우규는 은인과 같은 존재였다. 실제로 이 일로 그는 당시 최자남의 집에서 약 1년 정도 생활하기도 했으며, 최자남의 처와는 부녀지간처럼 지냈다고 한다.*** 최자남의 집에 머물면서 강우규는 기독교를 전도하는 한편 학생들을 가르칠 학교도 설립할 겸 기부금을 청구하러 다닌 것으로 전해진다.****

강우규는 최자남과 러시아에서 맺은 이와 같은 인연으로 국내에 들어와서도 자연스럽게 그의 집에서 머물 수 있었던 것이다. 이러한 사실들, 즉 강우규와 최자남의 특별한 인연을 생각해 보면 강우규가 블라디보스토크에서 중요한 사명을 띠고 원산에 왔을 때, 이미 최자남과 만남을 예측하고 왔다고 보는 것이 자연스러울 것 같다.

---

* 『독립운동사자료집』 11, 81~82 · 599쪽.
** 『동아일보』 1920년 4월 15일자.
*** 『동아일보』 1920년 4월 16일자.
**** 『동아일보』 1920년 4월 15일자.

시간이 흘러 1919년 7월 17일경 최자남은 광석동 1번지 신축 가옥으로 이사하게 되는데, 강우규 역시 이때 함께 이동하였다. 새집으로 이사한 날 밤 강우규는 중대한 결심을 하게 된다. 그는 그동안 숨겨왔던 자신의 계획을 최자남에게 털어놓아야겠다고 생각한 것이다. 이에 그는 최자남에게 자신은 독립운동을 하기 위해 입국하였고, 이를 위해 이미 폭탄 한 개를 가지고 왔다고 말하였다. 그 사용방법을 상세히 설명한 뒤 폭탄을 감추어 줄 것을 부탁하였다.* 이때 그는 자신이 전해주는 폭탄이 6연발 권총 24정분에 해당되며, 사람이 밀집한 장소에 투척하면 약 100명의 인명을 살육할 만큼의 위력을 가지고 있는 것임을 알렸다.** 이어 그는 최자남에게 자신은 블라디보스토크 노인동맹단의 대표로서 이번에 귀국한 것임을 밝히고, 이전에 이발 등의 거사가 실패로 돌아갔음이 유감이라고 말한 뒤 자신은 어떻게 해서든지 목적을 달성할 것이라고 말하였다. 이와 같이 의거의 전모와 그에 대한 굳은 의지를 밝힌 강우규는 최자남에게 신임총독을 처단하는 일에 동참하여 줄 것을 청하였다.***

* 『독립운동사자료집』 11, 597쪽.
** 『독립운동사자료집』 11, 599쪽.
*** 『한국민족운동사료』(3·1운동편 2), 417쪽.

이렇게 강우규의 의거 계획을 듣게 된 최자남은 그를 따르기로 결심하고 거사에 합류하게 된다. 이에 강우규는 최자남을 블라디보스토크에 파견하였다. 표면상 최자남은 외상값을 받으러 가는 것이었으나 실상은 달랐다. 이때 최자남은 강우규의 부탁에 따라 그곳에 있는 노인동맹단 간부 강부위(姜副尉)에게 편지를 전달하고* 귀국할 때 노인단대표자증을 가져다주었다.** 여기서 강부위라는 인물은 원래 강택희(姜宅熙)인데, 전에 부위였다고 하여 강부위라고 하였다.*** 강택희는 강문백(姜文伯)이라고도 불렸는데, 이 사람은 6월 25일 연병우(延秉佑)와 함께 노인동맹단 대표로 블라디보스토크 주재 일본 총영사관에 독립요구서를 제출하였던 인물이다.**** 이러한 점을 볼 때 강우규가 노인동맹단의 핵심 인물들과 관련을 맺고 있었던 것은 사실인 듯하다.

한편 강우규는 홍원에서 덕흥상회(德興商會)를 경영하고 있던 도명수(都明洙)에게도 큰 도움을 받게 된다. 당시 의거에 필요한 자금 문제로 고민하던 강우규는 도명수를 찾아가 자신의 계획을 말하고 거사 자금으로 5백 원을 받았다. 도명수

---

* 『동아일보』 1920년 4월 16일자.
** 『한국민족운동사료』(3·1운동편 2), 418쪽.
*** 『시베리아부』 8, 1919년 6월 19일, 「노인단에 관한 건」.
**** 『시베리아부』 8, 1919년 6월 26일, 「노인단에 관한 건」.

역시 최자남처럼 일전에 강우규로부터 도움을 받은 일이 있었기에 그 은혜를 갚는다는 뜻에서 자금을 선뜻 내놓았다고 한다. 도명수는 강우규의 도움으로 사업에 크게 성공하였다.*
강우규와 도명수의 관계는 강우규의 1심 재판에 대한 손녀 강영재의 회고 중 나온 다음과 같은 내용만으로도 충분히 짐작할 수 있다.

> 재판장이 잠시 휴정을 선언하자, 조부님은 방청석을 돌아보며 "여기 홍원의 도명수의 아들이 누구냐" 하고, 지금 화가로 일하고 있는 도상봉(都相鳳)씨를 찾았다. 도상봉 씨가 조부님 곁으로 달려가 인사를 하니, "네가 임룡(壬龍)(도씨의 아명)이냐. 작년 농사는 잘 지었는가" 하며 고향의 안부를 묻기도 하였다.

어느 정도 준비를 끝마친 강우규는 1919년 8월 4일, 원산부에 머물면서 알게 된 허형(許炯)과 함께 기차를 타고 원산을 떠났다. 그들은 석왕사(釋王寺) 영월(暎月) 여관에서 1박을 한 후 다음날 5일 그곳을 떠나 서울에 도착하였다. 이때부터는 허형의 소개로 알게 된 서울 안국동 96번지 김종호(金鍾護)의 집에 투숙하며 정세를 주시하였다. 마침내 강우규는 조선총독 하세가와에 이어 후임 조선총독으로 해군대장 남작

---

* 강영재, 『신동아』, 191~192쪽.

함남 안변군 석왕사 전경

사이토가 온다는 사실을 신문을 통해 알게 되었다.*

강우규가 목숨을 바쳐서라도 처단하고자 했던 사이토 마코토는 어떠한 인물이었을까? 사이토는 1858년 일본 암수현(岩手縣)에서 태어나 해군병학교를 거쳐 내각 해군장관을 역임한 해군 출신 정치가였다. 그는 1919년 8월 12일 조선총독으로 임명되었는데,** 총독 임명을 받은 직후 종전의 무단통치를 바꾸어 문화정치를 실시하겠다는 성명을 발표하였다.

---

* 『독립운동사자료집』 11, 597쪽.
** 김익한, 「제3대 총독 사이토 마코토 재등실」, 『조선총독 10인』, 가람기획, 1996, 124~125쪽.

실제로 그가 부임한 이후 총독부터 종래의 위압적이었던 군복 차림을 벗고 편복으로 갈아입었으며, 총독부 관리들도 특별히 제복을 필요로 하는 직책을 제외하고는 유니폼 착용과 칼을 차는 것을 폐지하였다. 아울러 헌병경찰을 폐지하고 일반경찰을 두었다.* 이러한 정책의 전환은 3·1운동으로 격앙된 조선의 민심을 가라앉히기 위한 술책에 불과했다. 그 한 예로 무단통치를 지양하기 위해 헌병경찰을 폐지했다고 했으나, 주한 주둔군의 숫자는 오히려 늘렸으며 일반 경찰로 확장하여 무장 위협은 사실상 배가 된 형편이었다.**

강우규는 본격적으로 신임총독 사이토 마코토를 처단하기 위한 계획에 돌입한다. 강우규는 우선 8월 7·8일경 원산부로 가서 최자남의 집에 맡겨둔 폭탄을 가지고 서울로 돌아왔다. 그리고 김종호의 집에서 머물면서 정세를 살피던 중, 8월 12일부로 조선총독의 임명이 발표되고 그가 곧 부임한다는 보도를 보게 된다. 결전의 날이 다가옴에 따라 강우규는 세심하게 계획을 세워나갔다. 그 과정에서 그는 신임 총독이 서울역이 아닌 용산역에 하차하였을 경우 등에 대한 대비, 즉 계획을 보다 완벽하게 실천하기 위해서는 폭탄이 한 개 더

---

* 독립운동사편찬위원회, 『독립운동사』 7, 1976, 277~278쪽.
** 강영재, 『신동아』.

필요하다고 생각하게 되었다. 이에 그는 폭탄을 구하기 위해 그달 22·23일경 원산부로 향하였다. 이때 강우규는 최자남의 소개로 원산부 신촌동(新村洞) 21번지에 거주하는 한흥근(韓興根)을 만나게 된다. 이때 한흥근은 강우규에게 어떤 자가 폭탄 두 개를 가지고 있으나, 그 사람이 현재 부재중이므로 후에 전보를 치겠으니 그때 가지러 와 달라고 말하였다. 강우규는 한흥근에게 그렇게 하겠다고 약속한 뒤 서울로 돌아왔다.*

강우규와 한흥근의 이 약속은 안타깝게도 지켜지지 못한다. 구체적인 경위를 살펴보면 다음과 같다. 8월 26일 한흥근은 약속한 대로 최자남에게 부탁하여 안국동 강우규의 숙소로 '아들이 왔으니 속히 와 달라'는 전보를 쳤다. 그러나 아무리 기다려도 강우규로부터 회답이 오지 않았다.** 그것은 강우규가 그 사이 신임총독의 서울 도착 일자가 9월 2일이라

사이토 총독

* 『독립운동사자료집』 11, 597~598·600쪽.
** 『독립운동사자료집』 11, 600쪽.

는 것을 신문지상에서 보고, 안국동 숙소에서 서울역까지는 거리가 너무 멀어 의거를 행하기 불편하다고 인식해 거처를 옮긴 상태였기 때문이었다. 강우규는 한홍근으로부터 전보가 왔던 8월 26일, 서울역 부근 남대문 통 5정목 60번지 여인숙인 박영선(朴泳銑(洗))의 집에 전숙(轉宿)하고 있었다. 그는 여기에 거처를 두고 매일 서울역으로 나가 주변의 지형을 연구하고 다녔다.*

그러던 중 8월 31일, 강우규는 허형으로부터 전보가 왔다는 연락을 받았다. 그것은 최자남이 강우규의 별명인 강영일 앞으로 보낸 것으로 '아들이 왔으니 즉시 돌아오라'는 암호의 전문이었다. 이 전갈을 듣고 강우규는 허형에게 부탁하여 최자남을 중간에 세워 한홍근으로부터 폭탄을 받아내려고 하였다. 그러나 이때는 이미 한홍근이 블라디보스토크로 떠난 뒤였기 때문에 허형은 다음날 허탕을 치고 돌아올 수밖에 없었다.** 이와 같이 전보가 제때에 전달되지 못한 관계로 폭탄을 한 개 더 구입하고자 했던 강우규의 계획은 실패로 돌아가고 말았다. 이제 그는 자신이 블라디보스토크에서부터 가지고 온 폭탄 한 개에 모든 것을 걸 수밖에 없었다.

---

* 『독립운동사자료집』11, 598쪽.
** 위와 같음.

강우규는 결전의 날인 9월 2일, 유일한 희망인 그 폭탄을 위해 만반의 준비를 한다. 그날 아침 그는 바지 앞부분에 명주 수선의 끝을 기워 메어 둔 곳에 폭탄을 넣고 그 끝을 접쳐 허리 뒤로 돌려 굳게 동여맸다. 그는 그 위에 저고리와 모시 두루마기를 입은 뒤, 손을 넣으면 곧바로 폭탄을 꺼낼 수 있도록 장치를 했다. 이렇게 모든 준비를 마친 강우규는 검정 테 파나마모자에 가죽신을 신고 손에는 양산과 타월을 쥔 채 숙소를 출발하여 서울역으로 향하였다.

이렇게 결전의 장소에 이르게 된 강우규는 점점 다가오는 의거의 때를 기다리고 있었다. 그러던 중 오후 4시경이 되자 환영을 위해 많은 차마(車馬)가 모여들기 시작하였다. 강우규는 총독의 착임이 임박하였음을 감지하고 사이토가 탈 승용 마차가 어디에 있는지를 찾았다. 그는 마차가 귀빈실 앞에 대기하고 있는 것을 확인하였다.* 이렇게 폭탄을 투척할 장소와 위치 확인을 끝낸 강우규는 귀빈실 동쪽 울타리 부근에 있는 다방 출입구 앞 군중 속에 섞여 들여가 결정적인 때가 오기를 기다렸다. 오후 5시, 서울역에 신임 총독 일행이 도착하였다. 열렬한 환영을 받으며 도착한 신임 총독 사이토는 귀빈실을 통과하여 그 부인과 비서관 이등무언(伊藤武彦)과

---

* 위와 같음.

상호 전후해 마차에 올랐다.

　마침내 길고 긴 여정을 끝맺을 순간이 찾아왔다. 강우규는 마차에 오르는 인물이 신문을 통해 보았던 얼굴과 동일한지를 살핀 후, 사이토가 틀림 없음을 확인하고 곧바로 의거를 단행하였다. 그는 폭탄을 꺼내 오른손에 잡고, 왼손으로 타월을 덮어 이것을 숨긴 뒤 내던질 준비를 완전히 갖추었다. 즉시 왼손으로 안전핀을 뽑고 폭탄을 투척하였다. 그는 폭탄이 터지게 되면 마차 주위에 모인 군중들도 부상을 당하게 될 것을 염려하여 최대한 마차에 타고 있던 총독의 가슴을 겨냥해 맞추고자 하였다. 당시 65세였던 그는 자신의 온 힘을 다해 마차에서 약 12m 떨어진 거리에서 폭탄을 내던졌다.

　안타깝게도 폭탄은 사이토가 탄 마차를· 약 7보가량 앞에 두고 떨어지고 말았다. 떨어진 폭탄은 무서운 굉음을 내며 파열하여 파편이 사방으로 흩어졌다. 파편과 함께 환영 인파들도 모두 혼비백산하며 흩어지면서 역 주변은 순식간에 아수라장이 되었다. 흩어진 파편 중 몇 개는 사이토가 탄 마차에 맞았는데, 그중 한 개가 마차의 뒤쪽을 뚫고 들어가 사이토가 허리에 차고 있던 대검(帶劍)을 손상시켰다. 하지만 사이토가 입은 피해는 이것뿐이었다. 강우규가 던진 폭탄은 사이토의 신체에는 아무런 피해를 주지 못하였던 것이다.*

강우규의 의거는 목표였던 사이토를 처단하지 못했다는 측면에서는 분명 실패한 의거다. 하지만 그가 던진 폭탄으로 많은 수의 일본 관계자들이 다치고 사망하는 등 그의 의거는 일제에는 신체적·정신적으로 큰 충격을, 우리민족의 가슴 속에는 독립에 대한 큰 울림을 안겨주었다. 65세 노인이 보여준 그날의 용기 있는 행동은 결코 실패했다고 말할 수 없다.

의열투쟁의 전설과도 같은 강우규의 의거는 이와 같이 길고 긴 과정을 거쳐 탄생되었다. 1919년 9월 2일 오후 5시경의 그 순간이 있기까지의 고된 과정을 강우규는 오직 조국의 독립만을 생각하며 참아왔다. 이번 절은 다음의 인용문으로 끝맺고자 하는데, 아래는 경성지방법원 판결문 중 일부다. 여기에는 강우규가 자신의 목숨을 버리면서까지, 또 그 고된 과정을 감수하면서까지 폭탄을 던진 이유가 담겨 있다.

> 무슨 승산(勝算)에서 신임 조선총독은 내임한단 말인가! 이것은 실로 세계의 대세인 민족자결주의에 위배되며 인도(人道)를 무시하고 동양 평화를 교란하고 조선 2천만 동포를 궁지에 몰아넣으려는 원적(怨敵)이다. 따라서 본인은 목숨을 걸고 신임 조선총독을 살해하

---

* 위와 같음.

여 조선인의 열성을 표명하는 한편, 내외의 동정(同情)을 얻어 조선 독립을 승인받고자 했다.

■ 폭탄은 어떻게 구입하였는가

강우규가 러시아에서 조선까지 가슴에 품고 온 것이 두 가지 있다. 바로 독립에 대한 간절한 염원과 그의 의거를 만든 결정적인 재료인 폭탄이다. 강우규 의거에 사용된 폭탄은 37명의 중경상자를 낼 만큼 큰 위력을 지닌 것이었는데, 이 위협적인 폭탄을 젊은이도 아닌 노인 강우규가 어떻게 손에 넣을 수 있었던걸까?

먼저 그의 의거에 사용된 폭탄의 실체와 위력에 대해 알아보자. 다음의 『매일신보』 기사는 이에 대한 정보를 제공해 주는데, 여기에는 폭탄이 터진 직후 이를 조사한 일본 측 공병장교의 증언이 담겨 있다.

『매일신보』 1919년 9월 4일자
투하한 폭탄은 놋쇠로 만든 네모진 통
폭탄은 두 치나 세 치의 네모진 놋쇠로 만든 통에 넣은 듯하고, 그

수효는 본정서(本町署)의 조사한 결과 한 개 인듯하다 하며, 현장은 타마유를 부어 만든 길인데, (중략) 깊이가 두 치나 되는 구멍이 뚫린 것을 보면 무던히 위력이 있는 폭탄이더라. 현장에 달려온 공병장교는 말하기를 "이 폭탄은 불완전한 것인데, 던지기만 하면 터지는 척탄과 같은 것을 교묘히 사용한 듯하며, 군대에서 사용하는 것과 달라서 통속에 화약과 주약돌을 집어넣은 것인가 하오. 또 화승에 불을 붙여서 던졌다는 말도 있으나 워낙 경비가 심하였으니까 화승에 불을 붙이고 있도록 몰랐을 리는 없을듯하며, 또 만일 그렇다할 것 같으면 대단히 교묘히 한것이요. 그뿐 아니라 터지는 소리를 들은즉, 폭탄은 한 개이고 결코 둘 이상은 아니오" 라고 말하더라.

공병장교는 사건 정황상 불을 붙여서 쓰는 것은 아니었을 거란 것과 폭파된 소리로 볼 때 둘 이상이 아닌 한 개의 폭탄이 사용되었을 것이라고 추정하였다. 결과적으로 두 개의 추측 모두 맞았으니 비교적 정확하게 분석해냈다고 볼 수 있겠다. 강우규 의거에 놀란 일제 측은 범인 검거에 분주했을 뿐만 아니라, 이와 같이 사건에 사용된 폭탄을 분석하는 일에도 심혈을 기울였다. 그들은 폭탄의 파편을 정밀 분석하여 보다 세밀한 결괴를 얻어내기도 하였는데, 이는 강우규에 대한 판결문 중 일부인 다음의 자료를 통해 확인할 수 있다.

감정인 포병대령(砲兵大領) 도전국언(島田國彦)의 폭탄감정서 중, 본
건 압수의 증제1호, 제4호 내지 제8호의 철편(鐵片)을 토대로 감정
컨대, 폭탄의 형태는 구형(球形)이 아니고 약간 가느다란 달걀 모양
을 하고, 단경(短經) 약 50·60밀리, 장경(長經) 약 80·90밀리, 부
피 5·6밀리, 외면에 깊이 약 2mm의 서너 가닥의 가로 홈이 패여
있고 11·12가닥의 세로 홈이 패어 있는 주철제(鑄鐵製) 탄체(彈體)
의 외부에 부피 약 4·5mm 내지 6mm의 돌기부(突起部)가 있으며,
후자(後者)에는 직경 2mm의 작은 구멍이 나 있었다. 그리고 안전
장치 또는 발화장치의 일부는 폭탄 외부에 있었다. 폭탄의 위력은
그 파열점에서 10m 내외의 거리에 있어서도 인축(人畜)을 살상할
수 있는 위력이 있다. 영국식 예화(曳火) 수류탄은 그 형상이 대소
(大小), 외면에 나 있는 홈의 간격, 그리고 깊이가 더불어 전기 형
상과 일치하며, 외부에 있는 돌기(突起) 역시가 전기의 것과 근사하
며, 구조나 위력 역시 전기의 추정(推定)과 합일(合一)함을 알 수 있
다는 취지의 기재(記載).

위의 인용문을 통해 당시 일제가 폭탄에 큰 관심을 가지
고 상당히 세밀하게 분석하였다는 것을 알 수 있다. 일제 측
은 이러한 분석 끝에 강우규의 의거에 사용된 폭탄이 영국식
수류폭탄일 것이라고 추정하였다. 실제로 1919년 당시 러시
아는 내전 중이었고, 이에 따라 미국·영국·프랑스 등 많은 국
가들이 자국의 무기를 들고 출병해 있었다. 따라서 러시아에
머물렀던 강우규가 폭탄을 구입하는 것은 크게 어렵지 않았

1920년 독립군이 사용한 수류탄

을 것으로 보이며, 실제로 강우규는 여러 나라의 무기 중에 영국제 폭탄을 입수한 것으로 알려지고 있다. 구체적인 종류는 밀스범 수류탄일 것으로 추정된다.

이제 이 같은 폭탄을 강우규가 구입하게 된 경로에 대해 알아보자. 강우규가 폭탄을 구입하고 서울에 오기까지의 과정을 『매일신보』는 다음과 같이 보도하였다.

『매일신보』 1919년 10월 7일자

경성으로 들어온 경로, 노령에서 폭탄을 사와 해삼위에서 경성에 왔다

강우규의 거주지인 길림성 요하와 그리 멀지 아니한 러시아 영지 청룡이라는 곳에서 한 러시아 사람에게서 폭탄물 1개를 사 가지고, 해삼위에 가 기선을 타고 청진을 지나 원산에 도착하여 기차로 경성에 들어와서 장사하는 사람과 섞이어 여러 여관에서 숙박하면서 신 총독의 도임하는 날을 기다린 모양.

위의 기사는 강우규가 길림성 요하 인근 러시아땅 청룡에

서 한 러시아인으로부터 폭탄을 구입하였다고 밝히고 있다. 그런데 이러한 사실은 강우규에 대한 판결문에서도 보인다. 내용은 다음과 같다.

수개월 전에 동부 시베리아 우수리 철도선 청룡역 부근에서 어느 러시아인으로부터 그 사용법까지 들은 뒤 사들였던 주철재 영국식 예화 수류탄 한 개를 사용하여 신임 조선총독을 살해할 것을 계획 하곤 재차 블라디보스토크로 나왔다.

강우규의 폭탄 구입 경로를 간략하게 정리하여 보면 다음 과 같다. 강우규는 아편 매각을 위해 러시아 연해주 청룡이 라는 곳에 가게 되었는데, 그때 그곳 러시아 사람에게 폭탄 을 구입해 달라고 부탁하였다. 그리고 동부(東部) 서촌(西村) 및 우수리의 철도선에 있는 작은 역인 청룡역 부근에서 주철 제 영국식 예화 수류탄 한 개를 구입하였다.* 이와 관련하여 다음과 같은 일화가 전해지기도 한다. 강우규가 폭탄을 살때 러시아 사람이 폭탄의 사용처를 묻자 그는 "원한이 있는 자 를 죽이는 데 사용할"것이라고 대답하였다.** 이울러 강우규 는 폭탄을 러시아돈 50루블을 주고 구입하였다고 전해진다.***

* 『독립운동사자료집』 11, 597쪽.
** 『독립운동사자료집』 11, 80쪽.
*** 위와 같음.

한편 강우규가 의거에 사용한 폭탄과 관련해서는 다음과 같은 논란이 있다. 바로 강우규가 폭탄의 위력을 알고 구입하였는가, 모르고 구입하였는가 하는 부분이다. 강우규는 판결 1920년 형상(刑上) 제58호에 실린 자신이 직접 작성한 상고취지서에서 폭탄에 대해 다음과 같이 언급하였다.

1. 폭발물을 어느 러시아인과 비밀리에 매매할 때, 피차 언어가 통하지 않으므로 그 자가 가리키는 손가락의 시늉을 보고 그 사용법을 알았고, 오직 개인을 목적으로 한 것뿐이므로 폭탄이라는 걸 전혀 모르고 구입했다. 그리하여 러시아 변경으로부터 경성(京城)으로 오는 도중에 이 물품을 타인에게 보이거나 서로 말을 주고받은 사례는 한 건도 없다. 이것은 심증(心證)의 사실로서 거짓일 수가 없다.

1. 각급 법원에서의 사실 조사 때, 그대는 러시아 지방에 다년간 체재하고 있었다는데 왜 폭탄의 명칭과 그 위력을 모르냐의 질문이나 이 상품은 시장에 방매하는 것이기 때문에 그 가격이 얼마인가도 알 수 없다. 게다가 군인이 아니기 때문에 군물(軍物)인 폭탄의 형상과 위력을 어떻게 알겠느냐? 다만 유럽 전쟁 때 어느 신문을 보았더니 독일 군인이 비행기에 폭탄을 싣고 날아가 적국 도시에 투하하여 그 도시민을 살육하였을 뿐만 아니라, 영국 런던에서도 고층 건물의 상층을 파괴하고 야간은 전등을 끄고 등화관제(燈火管制)를 하고 있는 것이라고, 본인의 생각으로는 폭탄이란 것은 한낱 사기그릇이나 물항아리나 아니면

커다란 호박 같은 것이라고 알고 있었는데, 이렇듯 쬐그마하고 어린애 주먹만한 것이기에 고작 한 사람쯤을 살해할 수 있을 것이라고 믿었던 것이다. 그렇기 때문에 이 물품의 명칭이 폭탄이란 것도 남대문역에서의 이 사건이 있은 후, 매일 신문지상에서 보고 비로소 알게 된 것이다 그러므로 남대문역에서 총독에게 폭탄을 던질 때까지 개인(個人)을 표적으로 하여 투척한 것이 사실. (하략)

강우규는 자신이 "군인이 아니기 때문에 군물(軍物)인 폭탄의 형상과 위력을" "전혀 모르고 구입"했으며, "명칭이 폭탄이란 것도 남대문역에서 이 사건이 있은 후 매일 신문지상에서 보고 비로소 알게" 되었다고 밝히고 있다.

강우규는 상고취지서의 증언대로 정말 폭탄의 위력도 모른 채 거사를 행했던 것일까? 이러한 그의 증언은 사실이라기보다 의거와 관련된 주변 인물들을 보호하기 위한 목적에서 진술된 것으로 보아야 할 것 같다. 실제로 그는 의거 이후 재판 과정에서 최자남·허형 등 의사와 관련된 인물들의 형량을 줄여주기 위해 많은 애를 썼다. 이러한 그의 태도는 위의 내용 중 "이 물품을 타인에게 보이거나 서로 말을 주고받은 사례는 한 건도 없다. 이것은 심증(心證)의 사실로서 거짓일 수가 없다"라는 것을 보아도 알 수 있다. 실제로 최자남과 허형 등 몇몇 인물들은 폭탄과 관련한 사실을 알고 있었다. 그러나 강우규는 이를 감추어 주기 위해 위와 같은 발언을 하였다. 그의 재판 진술 중 폭탄 관련 부분은 사실이라기보다 주변 인물들을 보호하기 위한 강우규의 고도의 전술에서 나온 것으로 보는 것이 옳을 듯하다.

다만 강우규 본인의 사상적 기초를 통하여 볼 때 조선총독만을 암살하기 위하여 폭탄을 투척하였다는 증언은 사실이 아닐까 한다. 평소 독실한 기독교인이었던 그였기에 종교적 측면에서라도 폭탄으로 무고한 사람들이 피해를 입는 것은 바라지 않았을 것으로 생각되기 때문이다. 실제로 강우규는 폭탄이 터지게 되면 마차 주위에 모인 일반 군중들도 부상을 당하게 될 것을 염려하여 최대한 마차에 타고 있던 총독을 겨냥해 맞추고자 하였다.

■ 자금은 어떻게 마련하였나

독립운동을 하는 데 자금은 매우 중요하다. 그러나 일제라는 두려움과 생활고라는 고통 등으로 나라를 위한 일임에도 자금을 선뜻 내어주는 이들은 극히 드물었다. 이러한 사정으로 몇몇 독립운동가들은 자금을 모으기 위해 할 수 없이 부잣집에 들어가 자금을 가져오기도 하였는데, 그 대표적인 예가 청산리전투를 승리로 이끈 김좌진 장군이다. 김좌진 장군은 자신의 증조부의 집까지 그 대상으로 삼을 만큼 치열하게 군자금을 모집하였다. 이처럼 자금을 마련하는 일은 결코 쉽지가 않은데, 강우규는 의거에 필요한 자금을 어떻게 마련하였던 것일까?

결론부터 말하면, 강우규는 자신이 그동안 쌓아온 '덕(德)'으로 의거 자금을 마련하였다고 볼 수 있다. 즉 강우규는 그를 평생 은인으로 생각한 도명수에게서 의거 자금을 제공받았다. 그들의 특별한 인연 및 의거 자금 확보 과정을 살펴보면 다음과 같다.

도명수는 함남 홍원 덕흥상회의 경영주인데, 강우규가 홍원에 있을 당시 강우규의 도움으로 사업에 크게 성공하게 되

도명수의 아들 도상봉

었다. 이렇게 맺은 둘의 인연은 약 10년이 지난 후에 다시 이어지게 된다. 강우규가 원산에 왔을 당시 한창 성업 중이던 덕흥상회는 원산에 지점을 두고 있었다. 이에 도명수는 동업주들과 체번(替番)해 가며 그 지점에 나와서 일을 보고 있었는데, 그러던 어느 날 원산의 번화가인 상동(上洞) 거리를 거닐던 강우규를 우연히 만나게 되었던 것이다. 옛 은인을 만난 도명수와 뜻밖에 반가운 얼굴을 만나게 된 강우규는 매우 기뻐하며 이런 저런 이야기를 나누었다. 그 과정에서 강우규는 도명수에게 자신이 잠행하여 입국한 이유를 말하고, 계획하고 있는 일을 상세히 설명한 뒤 거사 자금 5백 원을 청하였다. 그때 돈 5백 원이면 당시 거상(巨商)이던 도명수에게도 결코 적은 금액이 아니었지만, 평생 은인의 마지막 부탁이라고 여겼기에 그는 그 자리에서 선뜻 5백 원을 내어 주었다. 이렇게 강우규의 거사 자금 문제가 특별한 인연 도명수에 의해 해결되었다. 강우규는 상경하여 의거를 행하고 일경에게 포박당하는 날까지 일체 비용을 이 자금으로 썼던 것으로 보인다.

강우규와 도명수의 각별한 관계는 다음과 같은 일화를 통해서도 확인해 볼 수 있다. 도명수로부터 자금을 확보한 그 무렵 강우규는 유서 두 통을 써서 한 통은 아들 중건(重建)에게 전하고, 한 통은 도명수에게 보관하였다가 후세에 전해 달라고 부탁하였다. 이에 도명수는 그 한 통을 홍원의 자기 집 기왓장 밑에 숨겨 두었는데, 후에 8·15해방을 맞은 이튿날인 8월 16일 아침에 찾아보니 안타깝게도 유서는 26년간의 풍상에 완전히 삭아서 형체만 남아 있었다고 한다. 강우규는 자신의 유서를 맡길 만큼, 도명수는 강우규의 유서를 보관해줄 만큼 둘의 사이가 각별했다는 것을 알 수 있다.

한편 도명수는 강우규 의거 이후 일제에 체포되자 거사 자금을 대어주었다는 혐의로 홍원경찰서에 잡혀가게 되었다. 이는 도명수가 거사 자금을 주었다는 것을 알고 있던 덕홍상회 수석 점원 김모(金某)가 돈 40원에 매수되어 그 사실을 일경에게 일러바쳤기 때문이었다. 그래서 도명수는 모진 고문과 문초를 받게 되었는데, 이때 그는 은인이 서울 구경을 가신다기에 노자(路資)를 드린 것뿐이라고 항변하여 다행히 며칠 후에 풀려 나왔다. 반면 일제에 제보를 했던 김모는 동리에서 몰매를 맞고 쫓겨났다고 한다.* 이렇게 독립운동가 강

* 『독립운동사』 7, 293쪽.

우규 의사가 나라를 위해 거사를 행할 수 있도록 자금을 지원해준 특별한 인연 도명수는 화가 도상봉(都相鳳)의 아버지이기도 하다.

■ 의거에 참여한 인물들은 누구인가

▣ 의거의 중심 인물들 – 최자남, 허형, 한흥근

강우규 의거 이후 이 일과 관련해 검거된 사람은 최자남과 허형 외에 오태영·탁명숙·남경희(南京熙)·한인곤(韓仁坤)·장익규·박태희 등이었다. 그중 탁명숙·남경희·한인곤·장익규·박태희 등은 예심 면소(免訴)가 되고, 최자남은 징역 3년, 허형은 징역 1년 6개월, 오태영은 무죄 판결을

방청석에 있는 범인의 아들 강중건(좌상),
폭탄의 감정서를 받아 든 강우규(상). 왼쪽부터 강우규, 최자남, 허형, 오태영(하)

받았다.

 강우규의 동지로 알려진 인물들은 그와 더불어 세간의 큰 주목을 받았다. 이는 당시에 보도된 신문기사만 살펴보더라도 충분히 알 수 있다. 그 예로 『동아일보』는 1921년 5월 29일 「안돈후 압송, 강우규의 공범, 5월 12일 해삼위에서 체포, 라즈돌니노예에서 김성남이라고 변명」, 1921년 6월 4일 「객주조합이사 조병철 체포」, 1921년 7월 16일 「한흥근 징역 7년, 조병철·안돈후 각각 3년」 등을 보도하였다.

 한편 강우규는 재판 과정에서 이들의 관련 사실을 적극 부인하였다. 이는 자신을 도와준 고마운 사람들의 형량을 줄여주기 위한 것이었다. 즉 강우규는 자신의 의거에 주변인들이 관계되어 있음에도 그들을 보호하기 위해 사실과 다르게 진술하였다. 그 한 예로 허형의 경우, 강우규는 재판 과정에서 허형은 사건 계획을 전혀 몰랐고, 원산에서 폭탄을 서울로 옮겨 올 때에도 그해는 역병(疫病) 호열자(虎列刺)가 전국에 유행하였던 시기였기 때문에 자신이 독일제 콜레라 예방약이라고 속여 허형은 그런 줄 알고 심부름을 한 것뿐이라고 말하였다. 강우규의 이와 같은 진술로 허형은 공범 혐의에서 벗어나 가벼운 형을 빌을 수 있었다. 강우규는 최자남에 대한 진술에서도 폭탄을 귀중품이라고 속여 습기가 차지 않도록 잘 보관해 달라고만 말하였을 뿐 그 이상 밝힌 일은 전혀 없다고 강한 어조로 말하였다. 이로 인해 최자남 또한 공범 혐의를 면할 수 있었다.[*] 앞 절에서 그가 폭탄의 위력을 몰랐다고 한 진술이 사실이 아닐 것으로 생각되는 것 역시 바로 이러한 이유 때문이다. 즉 강우규가 재판 과정에서 한 진술은 사실이라기보다 자신을 도와준 주변인들을 보호하기 위한 고도의 전술에서 비롯된 부분이 많은 것으로 판단된다.

이제 본격적으로 강우규 의거에 참여했던 인물들의 인적 사항 및 관련 사실에 대해 알아보겠다. 먼저 중심인물인 최자남·허형 그리고 한흥근에 대해 구체적으로 살펴본 뒤, 강우규의 의거와 관계된 것으로 알려진 나머지 인물들을 일본 측의 조사 내용으로써 살펴보고자 한다. 나머지 인물들을 이와 같은 방법으로 살펴보는 것은 강우규가 재판과정에서 자신이 모든 혐의를 지기로 하고 공범자 유무 등에 대한 일본 측 심문에 끝까지 저항하여 참여했던 인물들에 대한 내용을 정확하게 파악할 수 없기 때문이다.

먼저 최자남은 장로파 기독교 신도였으며, 러시아 시베리아로 떠났다가 1918년 음력 1월 조선으로 돌아와 원산부 상

---

[*] 『동아일보』 1921년 7월 16일자, 「한흥근 징역 7년, 조병철 안돈후 각각 3년」.

동 183번지에 거주하면서 잡화상을 경영하였다. 그러던 중 이듬해 6월 15일경 원산부 광석동에서 시베리아에 살 때 인연을 맺었던 강우규와 재회하게 되었다. 최자남은 이때부터 강우규를 자기 집에 머물게 하였고, 그해 7월 17일경 광석동 1번지 신축 건물로 이전하였을 때에도 강우규와 함께 하였다. 이날 밤 그는 강우규에게서 다음과 같은 사실을 듣게 된다. 그것은 바로 '나는 조선독립운동을 위해 한국에 왔고, 그 운동에 필요하기 때문에 폭탄 한 개를 휴대하고 있으며, 그 폭탄의 위력은 6연발 권총 24정분에 해당되고 사람이 밀집한 장소에 투척하면 약 100명의 인명을 살육할 충분한 위력이 있다' 는 것이었다. 이어 그는 강우규로부터 폭탄 사용법을 듣고 폭탄을 맡아달라는 부탁을 받게 된다. 이에 최자남은 강우규의 부탁을 승낙하고 폭탄을 자기 집에 숨겨 그해 1월 17, 18일경까지 보관하였다. 최자남은 이와 같이 강우규가 폭탄을 독립운동에 사용할 것이라는 사실을 알면서도 그를 위해 기꺼이 위험을 감수했던 인물이었다.*

최자남과 관련해서는 다음의 자료들이 참고될 수 있다. 『독립유공자공훈록』과 『독립운동사』에는 그의 항일운동이

---

* 『독립운동사자료집』 11, 599쪽.

각각 다음과 같이 기록되어 있다.

황해 재령(載寧) 사람이다.

1918년경 함남 원산에서 여인숙을 경영하고 있던 그는 한흥근 등과 함께 항일투쟁을 전개하기로 결의, 동지들에게 숙소와 자금을 제공해 주며 활동하였다. 1919년 8월 말경 재등실 총독을 처단하고자 강우규가 집에 묵게 되자, 강우규로부터 거사 계획을 듣고 강우규가 반입해 온 폭탄을 보관하는 등 적극적으로 협조하였다. 동년 9월 2일, 강우규가 서울 남대문역에서 재등실 총독에게 폭탄을 투척한 일로 10일 후에 일경에 피체되고 그 역시 이에 관련되어 3년형을 언도받고 옥고를 치렀다. 정부에서는 고인의 공훈을 기리어 1990년에 건국훈장 애국장(1977년 건국포장)을 추서하였다. (『독립유공자공훈록』)

최자남은 강 의사 거사 4년 전에 니코리스크에서 만났었는데, 이때에 강 의사는 행상의료업(行商醫療業)을 하면서 그 지방을 순행하다가 그를 만나, 마침 최의 부인이 중병으로 고생하는 것을 고쳐주어서 그 집과 대단히 친밀한 사이가 되었다. 그래서 그 뒤에도 강의사가 니코리스크에 들르게 되면 반드시 최씨 집에 숙소를 정하게 되어, 한 해에 네다섯 달씩은 그 집에 묵곤했다. 그러한 사이인 최자남을 강우규는 중대한 거사를 위하여 국내에 잠입하여 원산에 도착하자 먼저 그를 찾았던 것이다. 그리하여 이번에도 그 집에 기거하면서 근처 장로교회 예배당에 출입하며 교인들과도 사귀고(최와 그 가족도 예수교인이었다) 신 총독의 착임에 관한 정보도 수

집하고 있었다.

마침내 강의사는 최에게 자기 계획을 설파하니 그도 그 거사에 찬성, 협력할 것을 쾌락하고 우선 강의사가 스스로 반입해 온 폭탄을 그가 맡아 자기 집에 보관하였을 뿐만 아니라, 자기와 지하활동 동지 관계에 있던 한홍근에게 줄을 대어 폭탄 한 개를 더 공급받게 짜놓았던 것이었다. (중략) 그리고 허형을 강의사에게 소개한 것도 최자남이었다. 허형의 말에 의하면, 당시 최자남은 원산에서 객주를 경영하는데 주로 노령 방면에 내왕하는 손님들이 많이 찾아든다는 소문을 듣고 찾아갔었다 하며, 그때 허가 최에게 자기 소망을 말하고 선편을 부탁한즉 얼마 있으면 해삼위 방면에서 어떤 손님이 올 터이니 그분을 만나 보고 그의 지도를 받으라고 하였다 하니, 강 의사와 최자남 사이에는 사전에 무슨 서신 연락이라도 있었던 모양 같다.(『독립운동사』 7)

다음으로는 허형에 대해 알아보자. 허형은 평양 대성학교에 다니던 중 1910년 3월 학교가 폐교됨에 따라 자연히 중퇴를 하게 되었다. 그는 이후 3·1운동에 참여하였는 데, 그 과정에서 조선독립청년단을 조직하기도 하였다. 허형과 강우규의 만남은 최자남에 의해 이루어졌다. 그는 최자남의 소개로 원산에서 강우규를 알게 된 이후부터 강우규의 거사를 위해 힘썼다. 구체적으로 허형은 강우규와 논의 끝에 신임 총독이 서울역이 아닌 용산역에 하차하였을 경우에 대비하여 폭탄

한 개를 더 입수하기 위해 노력하였다. 즉, 강우규는 서울역을, 허형 자신은 용산역을 지키기로 분담하고 이에 따라 추가로 필요해진 폭탄을 구하기 위해 원산에 있는 한홍근을 두 번이나 찾아갔다. 허형은 이처럼 강우규를 만나기 이전부터 독립운동에 힘써 온 인물로서 강우규의 뜻을 헤아리고 그의 거사를 성공시키기 위해 적극 도왔던 것이다.*

허형은 강우규의 거사 이후 재판에서 징역 1년 6개월을 선고받았다. 그는 1921년 8월 24일 만기 출옥하지만, 자유를 만끽할 새도 없이 9월 1일 일경에 다시 검거되어 평양 감옥에 갇히고 말았다. 한홍근의 폭탄 은닉 사건 혐의에 따른 것이었는데, 이때 그는 고된 심문을 받고 예심(豫審) 6개월 후에 면소되어 풀려나왔다.

허형과 관련해서는 다음의 자료들이 참고될 수 있다. 『독립유공자공훈록』과 『독립운동사』에는 그의 항일운동이 각각 다음과 같이 기록되어 있다.

평남 안주(安州) 사람이다.
평양 대성학교에 재학 중 1910년 3월 대성학교가 폐교되자 학업을 중단한 그는 1919년 3·1독립운동이 일어나자 만세시위에 참

* 『독립운동사』 7, 285~286쪽.

가하여 본격적인 대일투쟁에 나섰다. 이어 한국태(韓國泰), 함병승(咸秉昇) 등과 함께 조선독립청년단이라는 단체에 가입하여 주로 학생층을 상대하는 지하투쟁을 전개하였다.

그 후 원산에서 최자남을 만나 최자남으로부터 강우규를 소개받아 강우규와 며칠 동안 같이 지내면서 재등실 총독을 폭살시키려는 강우규의 계획에 자신도 참여시켜 줄 것을 요청하였다. 그리하여 강우규는 서울 남대문역에서, 그는 서울 용산역에서 대기하여 재등실 총독이 하차하면 폭탄을 투척하기로 하였다. 그는 그 후 한흥근에게 폭탄 입수를 부탁하였으나 연락이 서로 맞지 않아서 결국은 폭탄을 입수치 못하고 강우규의 거사 성공만을 고대하고 있었다.

1919년 9월 2일 재등실 총독을 향해 힘껏 폭탄을 던지고 다음날 찾아온 강우규를 만나 재거사를 의논하였다. 그러나 9월 17일 강우규가 서울 사직동 박승화(朴承華) 집에서 형사 김태석(金泰錫)에게 피체됨에 따라 그도 최자남과 함께 연루되어 피체되고 말았다.

1921년 8월 서대문형무소에서 1년 6개월간 옥고를 치르고 출옥한 후 한흥근의 폭탄 은닉 혐의로 일주일도 못되어 다시 평양감옥에 투옥되었다. 예심 6개월 후 면소 석방되어 고향으로 돌아온 그는 1922년 5월 『동아일보』 안주지국 기자로 활동하면서 안주청년회를 조직하여 항일정신을 고취하는 한편, 야학교(夜學校)를 설립하여 부녀자들의 계몽에 힘썼다. 또한 1923년부터는 『동아일보』·『조선일보』·『중앙일보』 등의 안주지국장과 평양지국 특파원을 역임하면서 언론계를 통한 민중계몽운동에 헌신적인 노력을 하였다.

1926년 10월 일본제국주의자들이 허위로 꾸민 강중건(姜重建 강우규의 장남) 사건에 관련하였다는 혐의로 그는 평북 정주(定州) 경찰서에 피체되어 의주 감옥에서 6개월간 옥고를 당하기도 하였다. 그리고 1927년에는 신간회의 안주지회 부회장 겸 정치부장을 맡아 활동하였다. 정부에서는 추서의 공훈을 기리어 1963년에 건국훈장 독립장을 추서하였다. (『독립유공자공훈록』)

(전략) 일면여구하여 허형은 아버지에게 대한 것과 같은 존경을 바칠 수가 있었다. 며칠 동안을 같이 지내면서 노령 방면으로 탈출하여 좀 더 적극적인 독립운동에 몸 바치고 싶다는 소망을 피력하였더니 강의사는 국내에서 할 일이 더 많으니 국외 탈출은 잠시 보류 하라고 권고했다. 며칠 더 지나서 장래 처신을 상론하던 끝에 강 의사는 마침내 자기의 계획을 허형에게 설파했다. 즉, 이번 조선총독으로 신임돼 오는 재등실을 남대문역에서 폭탄으로 요격하겠다는 것이었다. 당시 허형은 '벌써 연로하신 이 어른의 뜻이 그렇게도 열렬한데 새파랗게 젊은 내가(허형은 당시26세) 그 설명만 듣고 가만있을 수 있는가' 이렇게 생각하고 그 계획 실행에 자기도 참가시켜 줄 것을 자원하고 나섰다.

이리하여 허형은 블라디보스토크에서 강의사가 친히 가지고 와서 전기 최자남 집에 맡겨 두었던 폭탄을 서울까지 옮겨다가 남대문 거사에서 쓰게 했고, 뿐만 아니라 당시는 아직 신 총독이 남대문역에 하차할지, 용산역에 하차할지 의심하였으므로 폭탄 1개를 더 입수하여 남대문역은 강의사가 지키고 용산역은 허형이 지켜서 총독 격살의 목적은 반드시 달성하도록 책임 분담까지 했다. 그리하여 허형은 폭탄 1개 더 입수차 원산의 한흥근에게 두 번씩 이나 찾아 갔으나 차일피일하다가 성공하지 못하였고, 그 뒤 총독 하차는 남대문역으로 확정되었다는 정보도 수집되었기에 허형의 용산역 분담은 자연 해소되고 말았던 것이다.

(중략) 허형은 1926년 10월 평북 정주 경찰서에 다시 검거되어 신의주 형무소로 압송, 6개월 동안 옥고를 치르고 석방되었다. 이때 검거하는 구실은 강 의사의 아들 중건이 어떤 모사(謀事)를 계획하다가 피검되었으니 그 관련 여부를 문초해 보겠다는 것이었으나, 실상은 그해 일본 천황 유인(裕仁)의 소위 대례식(大禮式) 거행을 앞두고 전국의 우리 애국지사 다수를 예비 검속하면서 조작된 구실이었던 것이다.

(중략) 1945년 8월 15일 해방을 맞이하자 고향인 안주군 인민정치위원회 위원장이 되었다. (중략) 그 뒤 그는 조만식(曺晩植)을 수반으로 하는 평안남도 인민정치위원회 건설부장에 취임하였고, 또 역시 조만식 영도하의 조선민주당 고위 간부로서 활동하다가 아무래도 당시 북한 강압 체재하에서는 그들과 병립할 수 없음을 깨닫고, 1947년 2월 21일 가족 9명과 더불어 38선을 넘어 월남해 왔다. 그는 서울서 발행되는 『대공일보』 편집 고문·대한농회 총무 부장·재경(在京) 안주 군민회장 등을 역임하고 1963년 12월 1일 서울 흑석동 자택에서 향년 70세로 별세하였다. (『독립운동사』 7)

다음은 한흥근에 대해 알아보자. 한흥근은 함남 원산부(元山府) 양촌동(陽村洞)에서 태어났다. 그는 러시아 블라디보스토크 신한촌(新韓村)에서 우리 독립운동 지사들을 만난 이후 장차 크게 일을 도모하기로 마음먹고 상인으로 가장하여 고

향인 원산으로 돌아왔다. 한홍근은 이후 함경도·평안도·황
해도·강원도 등 여러 곳을 오가며 지하공작을 전개하면서
동지들을 규합하였다. 그는 동지들과 함께 일제 주요 관공서
및 생산 공장을 파괴할 계획을 수립하기도 하였는데, 이때
그는 이 계획을 실행하는 데 필요한 폭탄을 입수와 공급하
는· 일을 담당하였다. 이를 위해 한홍근은 다시 해삼위로 건
너가 필요한 수량을 확보한 뒤 그것을 점차적으로 국내로 반
입하였다. 국내로 들여온 폭탄은 우선 원산 근교 산중에 묻
어두었다가 가끔씩 장소를 옮기면서 보관하였다.*

한홍근은 당시 최자남과 동지 관계에 있었다. 폭탄이 필요
했던 강우규와 폭탄을 가지고 있던 한홍근은 그를 통해 자
연스럽게 연결되었다. 즉 한홍근은 강우규가 거사를 준비하
기 위해 원산에 와서 최자남의 집에 머물고 있을 때, 최자남
을 통해 강우규와 연락이 되어 그의 거사에 폭탄 한 개를 제
공해 주기로 약속하였던 것이다. 그러나 결국 이 약속이 이
루어지지 못하게 되어 강우규는 기존에 가지고 있던 폭탄 한
개로 거사를 치러야 했다.** 이와 같이 한홍근은 강우규의 의
거에 직접적인 도움을 주지는 못하였지만, 그의 거사를 돕기

---

* 『독립운동사』 7, 291쪽.
** 『동아일보』 1921년 4월 29일자, 「한홍근 자백, 최자남과 함께 폭탄을 가져와」.

위해 힘쓴 인물이었다.

강우규 의거 이후에도 한흥근은 러시아와 만주 국경을 여러 차례 넘나들며 활발하게 활동하였는데, 그러던 중 일제 헌병대에 체포되고 말았다.* 이때 그는 3년이라는 긴 세월을 미결로 지내고 이후 경성고등법원에서 징역 8년을 언도받아 복역하였다.**

▣ 일본 측이 조사한 주요 인물들의 이력

이제 강우규 의거와 관계된 것으로 알려진 나머지 인물들에 대해 살펴볼 텐데, 이는 앞서 설명한 바대로 일본 측의 조사 내용으로써 살펴볼 것이다. 아래의 인용문이 바로 당시 강우규의 의거와 관련된 인물들에 대한 일본 측의 조사 자료로 여기에는 최자남·허형을 포함한 다수의 인물들에 대한 내용이 기록되어 있다. 이를 통해 강우규의 의거에 관계된 것으로 추정되는 새로운 인물들에 대한 사실은 물론, 이들의 인적 사항 및 관련 사실을 낭시 일제가 어떻게 파악하고 있었는지를 알 수 있다.***

---

* 『동아일보』 1921년 4월 18일자, 「강우규와 공모자 강우규가 죽은 후에 반년 만에 한흥근은 해삼위에서 체포」.
** 『동이일보』 1921년 7월 16일자, 「한흥근 징역 7년, 조병철 안돈후 각각 3년」.
*** 『독립운동사자료집』 11, pp.81~84를 주로 참조하였다. 별도로 주가 없는 경우는 위와 같다.

① 최자남(일명 : 崔世鵬)

　　나이 : 51세

　　출생지 : 황해도 재령군 석률면 구작동

　　본적지 : 함남 원산부 상리 광석동 1번지

　　직업 : 잡화상

최자남은 지금부터 약 10년 전 상용으로 블라디보스토크로 도항하여 그곳에서 체류하 다 2, 3년 전에 귀국하였다. 약 5년 전 니코리스크에 살던 시절 당시 강우규는 약 1년간 최자남의 집에서 체재하였다. 최자남은 당시부터 강우규와 친숙한 사이로 이번 거사 전에도 동인의 집에 체재했던 중 동인에게도 거사에 가담할 것을 권유한 사실도 있고, 또 강우규가 거사에 사용할 폭탄을 감추어 준 일도 있다.

② 허형(일명 : 一英)

　　나이 : 26세, 1894년생

　　본적 : 평남 안주군 안주면 건인동 312

　　주소 : 경성부 안국동 96번지 이도제방

　　직업 : 무직

허형은 월일 미상에 경성부 안국동 96번지 이도제의 집에서 이동휘로부터 경상북도에 거주하는 최익선 앞으로 '우리들의 행동을 찬조하여 독립운동 자금을 보내주기 바란다' 는 의미의 서면을 강우규로부터 받아가지고 이를 오태영에게 교부한 사실이 있고, 또 본인은 강우규의 심부름으로 박태희의 처소에 갔던 사실이 있다. (당시 강우규가 이동휘로부터 함남 흥원군 읍내 김신근 앞으로 보낸 서면 1통을 가지고 있던 사실도 발송 여부가 아직 판명되지 않았다.)

③ 박정찬(朴貞燦)

　나이 : 58세

　출생지 : 평남 평원군 용흥면 임당리

　본적 : 경성부 남대문동 5정목 75번지

　주소 : 함남 원산부 광석동 28번지

　직업 : 목사

박정찬은 지금부터 20년 전 예수교 장로파의 신도가 되어 약 10년 전 목사가 되었다. 일찍이 경성 남대문 외에 있는 장로감리연합 경영인 세브란스 병원 내 교회당 주임목사로 목하 순회포교의 임무를 맡고 있다가 1917년 11월 노령 블라디보스토크로 갔다. 1918년 8월에 돌아왔으나 동 9월에 다시 간도를 거쳐 블라디보스토크로 갔다가 동 10월에 돌아왔다. 이번 사건이 있기 전 원산 장로교회당 및 경성부 관철동 신행(信行)여관에서 종종 강우규와 밀회하여 무슨 일인가 협의한 사실이 있다.

④ 오태영(吳泰泳)

　나이 : 25세

　본적 : 함경남도 정평군 부내면 문봉리

　주소 : 경성부 안국동 99번지 이도제 방

　직업 : 의학전문학교 학생

오태영

오태영은 1919년 3·1운동으로 경성에서 검거된 후 당시 보석 중이었다. 그는 1919년 9월 10일경 허형으로부터 받은 서면을 휴대하고 경주로 가서 최익선에게 교부하였다.

⑤ 박태희(朴泰熙)

　나이 : 24세

　주소 : 함경남도 원산부 구제병원 내

　직업 : 약제사

박태희는 강우규가 입경한 후 강우규로부터 서신을 받은 일이 있다. 이 서신을 허형이 경성으로부터 원산에 휴대하고 갔다. 당시 허형은 그들의 동지인 것을 증명하기 위하여 강우규로부터 '원'이라고 쓴 암호를 박태희에게 보여주었다고 한다.

⑥ 탁명숙(卓明淑)

　나이 : 24세

　본적 : 함남 함흥군 장원면 양동리

　주소 : 경성부 남대문의 예수교 장로감리연합회 경영 세브란스

　　　　병원 내

　직업 : 간호부

탁명숙은 1919년 3월 경성에서 만세운동에 참여하였으며, 강우규 의거 당시에는 보석 중에 있던 인물이다. 그녀는 강우규를 숨길 목적으로 9월 13일 강우규를 경성부 누하동 136번지 임재화에게 소개하여 임의 집에 숙박하게 주선해 주었다.

⑦ 장지상(張之相)

　나이 : 21세

　본적 : 함경남도 정평군 부내면 원홍리 70번지

　주소 : 경성부 가회동 182번지 장익규 방

　직업 : 양정학교 3년생

장지상은 오태영의 의뢰를 받고 강우규를 9월 7일부터 동 11일까

지 그의 숙부인 장익규(張翊奎, 경성부안국동 182번지) 집에 숨겨주었다는 의심을 받았다.

⑧ 한은철(韓殷哲)

나이 : 27세

본적 : 평북 운산군 동신면 좌동

직업 : 학교교사

한은철은 경성 오성(五星)학교 졸업생이다. 고향에서 사립 운신(雲新)학교 교사로 봉직 중 폐병에 걸려 1919년 4월 요양을 위해 경성에 왔다가 뒤에 안변군 석왕사 봉업(逢業)여관에 숙박 중이었다. 이때 당시 원산에 있는 강우규와 왕래가 있었던 것으로 추정된다.

⑨ 한기동(韓基東)

나이 : 26(27)세

본적 : 함남 원산부

한기동은 강우규가 서울에 온 이후 종종 그를 방문하였다.

⑩ 이신애(李信愛, 慈鄕)*

나이 : 22(23)세

본직 : 함남 원산부

이신애는 강우규가 서울에 온 이후 종종 그를 방문하였다.

---

* 이신애는 호수논여고 졸업생으로 3·1운동에 참여한 이후 의친왕 이강, 김가진 등과 함께 국민선언서에 서명하였다(『독립운동사』1, 1970, 215쪽; 『독립운동사자료집』6, 1973, 245쪽).

■ 의거의 '숨은' 배후는 누구인가
- 이동휘, 김규면, 정재관

이동휘   김규면   정재관

  강우규 의거는 일반적으로 노인동맹단에서 추진한 것으로 알려져 있다. 강우규 자신 역시 재판과정에서 노인동맹단을 의거의 배후로 거론하였다. 그러나 여기에는 몇 가지 의문점이 따른다. 그것은 재판과정에서 강우규는 폭탄 구입을 2월에 했다고 진술하였지만, 그 폭탄을 구입하도록 만들었다는 노인동맹단은 3·1운동 이후에야 결성된 단체이기 때문이다. 또한 노인동맹단은 그 특성상 의열투쟁보다는 영사관에 편지를 보내거나 만세운동 위주로 활동을 하였다. 이러한 점들은 강우규의 의거의 직접적인 배후가 노인동맹단이 아닌 숨겨진 다른 단체 또는 인물이 아닌가 하는· 의문을 갖게 만든다.

강우규 의거의 숨겨진 배후는 여러 자료들을 통해 짐작해볼 수 있다. 먼저 대한신민단과 한인사회당 등에서 중심적인 활동을 하였던 김규면은 이와 관련 하여 다음과 같은 증언을 하였다.

'한인사회당'에서는 조선총독을 반대하여 비밀특파원 강우규를 파견해 강우규는 최자남, 김례완(김병하) 등과 연락 협동 준비로써 남대문 정거장에서 재등이를 포격하였는데, 국민의회에서는 조선총독을 환영하여 오창환이 백성환 등 연해주 교육회와 간화회 대표로 구성된 관광단 수십 인을 데리고 총독부에 가서 재등이를 방문하고 대환영, 대상급을 받았다.*

이처럼 김규면은 강우규를 한인사회당의 비밀특파원으로 기술하고 있다. 그에 따르면 강우규 의거의 배후 단체는 한인사회당이 되는데, 이에 앞서 주목할 인물이 있다. 그는 바로 강우규의 항일의식 형성에 있어 중요한 역할을 하였던 '이동휘'다. 당시 한인사회당의 중심인물이 이동휘였다는 것은 주지의 사실이다. 따라서 강우규는 이동휘와의 일정한 연

* 김규면, 『誠齋略傳에 관한 回想記』(1963.6.20).

계 속에서 의거를 준비하였던 것이 아닐까 추정된다. 이러한 추정은 강우규가 원산으로 가기 전에 이동휘를 만난 징후가 있어 더욱 설득력을 갖는다. 즉 강우규는 국내로 들어올 때, 이동휘가 경북 경주에 거주하는 최익선과 함남 홍원군 읍내에 거주하는 김신근 앞으로 보내는 편지를 가지고 오기도 했던 것이다. 이러한 사실은 허형의 다음과 같은 진술에서 확인할 수 있다.

> 강우규는 배일선인의 수괴 이동휘로부터 경상북도 경주에 거주하는 최익선 및 함경남도 홍원군 읍내에 거주하는 김신근 앞으로의 서신을 허형에게 맡겼는데, 이 서신을 9월 8일 강우규에게 반려하고 강우규는 다시 오태영(吳泰泳)에게 이 서신을 휴대하고 경주에 가서 최익선에게 교부할 것을 의뢰하므로 허형이 경주로 갔으나 당시 최익선이 부재중이었으므로 그의 자식 최순(崔淳)에게 주니, 그는 허형에게 자신의 부친은 현재 상해에서 국사에 분주하므로 이와 같은 서신은 필요 없다고 하면서 이를 받지 않으므로 허형은 돌아온 후 강우규에게 반려하였다.*

강우규가 국내로 들어오기 전에 만난 두 사람은 어떠한 이야기를 나누었을까? 이동휘가 강우규 의거의 배후 인물이라

---

* 『한국민족운동사료』(3·1운동편 2), p.419.

고 가정한다면, 아마 그는 강우규에게 서울에서 자신의 아버지 이승교(이발)가 이루지 못한 한을 대신 풀어달라고 부탁하였을 것이다. 이승교는 앞서 언급한 대로 서울 종로에서 태극기를 흔들며 "조선 독립 만세"를 외치다 체포되었는데, 이때 일제에 치욕을 당하지 않겠다며 칼로 자신의 목을 찔러 크게 상처를 입었다.

한편 당시 한인사회당에서 활동했던 정재관(鄭在寬) 역시 강우규 의거와 관련해 주목되는 인물이다. 정재관과 함께 러시아 연해주 수청(현재 빨치산스크)에서 창해청년단을 조직하여 활동했던 김규면은 그의 이력에 대해 다음과 같이 언급하고 있다.

황해도 재령 출생이다. 일찍이 북미주 샌프란시스코에서 유학하였다. 조선망국정부 고문관 미국인 수지분이 옥란정거장에서 전명운과 육박전하는 순간에 장인환이 총살한 사건에 직접 선도자로 미주에서 망명하여 원동 연해주에 와서 당시의 권업회사업과 해조신문사업에 한형권, 이종호, 신채호 등과 함께 활동하였으며, 의병대장 김두성의 부하 안중근 중장이 하얼빈 정거장에서 이등박문을 총살한 사건에 직접 참모자이고, 그 후는 '신민단'을 조직해 부위원으로 활동하면서 신민단 유격대장 강우규가 경성 남대문정거장에서 재등총독을 포격한 사건에 직접 조직자이다. 강우규 기타 대원들은 석왕사에서 맡은 책임들을 준비케 하고 원산에 최자남이와 경흥에 김병하는 운반 연락원으로 조직하였다. 그 다음부터는 '한인사회당' 군사부위원으로 수청 일대의 빨치산 고려민 부대 조직, 지도 사업에 마지막까지 분투하다가 풍한서습에 병으로 죽으면서 신체를 화장하여 달라고 유언하였다. 그레서 빨치산 일동은 정재관 동무를 통나무가리 불 속에 장례하였다. 별호는 해산(海山) 그리고 그곳을 정재관골이라고 기념하였다. 그의 자식들은 그의 형이 와서 데리고 재령고향으로 나갔다.*

정재관은 미국에서 공립협회 총회장, 『공립신보』 주필, 『신한민보』 주필 등을 역임한 1900년대 미주지역을 대표하는 민족운동가였다.** 1908년 스티븐슨 처단 의거에 참여한 후*** 1909년 국민회 원동 특파원으로 파견되어 1922년 시베리아에서 순국할 때까지 10여 년 동안 러시아지역의 항일운동을 주도하였다. 구체적으로 그는 1909년에는 『대동공보』 주필로 활동하였으며 안중근 의거 계획에 참여하였다. 그리고 1910년대에는 러시아지역의 대표적인 독립운동 단체인 대한인국민회 시베리아지방총회를 조직하는 한편 권업회 부회장으로 활동하였다. 정재관은 1910년 국망에 임박하였을

* 김규면, 『김규면비망록』.
** 박환, 「정재관 : 미주의 공립협회 총회장에서 러시아의 혁명가로」, 『한국민족운동사연구』 38, 2004, p.171.
*** 김도형, 「전명운의 생애와 스티분슨 처단의거」, 『한국독립운동사연구』 31, 2008, pp. 253~254.

때는 성명회 조직에 참여하고 그 기초위원으로 활동하기도 하였다. 아울러 그는 1914년 1차 세계대전이 발발하였을 당시 러시아군 1등병으로 참전하였고, 러시아 혁명 후에는 블라디보스토크에서 간행된 진보적인 신문인 『한인신보』의 주필로도 활동하였다.*

우리가 김규면의 증언에서 주목할 부분은 정재관이 '장인환 의거의 선도자이며, 안중근 의거의 직접 참모자이고, 강우규 의거의 직접 조직자'라는 것이다. 정재관은 장인환 의거에 앞서 스티븐슨을 처단하고자 한 인물이었으므로** 장인환 의거의 선도자라는 표현은 설득력이 있다. 또한 안중근 의거의 경우 지금까지 주목되지 못하였지만 이강과 더불어 정재관 역시 참모자로서 활동하였을 가능성은 충분히 있다고 보여진다. 그와 함께 미국에서 온 이강이 안중근 의거의 실제적인 참모 역할을 한 것으로 알려지고 있기 때문이다.***

필자의 생각에는 김규면이 정재관을 지목하여 강우규 의거의 직접적인 조직자라고 하고 있는 부분 역시 사실일 가능성이 크지 않을까 한다. 정재관은 앞서 살펴본 대로 일찍이

---

* 박환, 「정재관 : 미주의 공립협회 총회장에서 러시아의 혁명가로」, pp.171~174.
** 김도형, 「전명운의 생애와 스티븐슨 처단의거」, p.254.
*** 박환, 『러시아지역 한인언론과 민족운동』, 경인문화사, 2008, p.101.

스티븐슨 처단, 안중근 의거 등 의열투쟁에 관여했던 인물이다. 또한 제1차 세계대전 당시 현역 군인으로서 전투에 참여한 경험을 가지고 있다. 이러한 정재관의 경험들이 강우규의 의거를 계획하는 데 도움을 주지 않을까 한다. 또한 국내에서 강우규의 활동을 가장 적극적으로 도운 최자남은 정재관과 동향인 황해도 재령 출신이다. 이러한 지역적인 연고도 정재관과 강우규를 연결시키는 중요한 매개 역할을 하지 않았을까 생각된다. 이같은 지역적 연결 고리 외에도 강우규·최자남·이동휘·정재관 등은 모두 기독교인으로서 같은 종교를 가지고 있었다.

한편 앞의 인용문에서 김규면이 언급하고 있는 김병하는 김규면의 말년에 그와 친분이 있던 인물인 것으로 보인다. 블라디보스토크 아르세니예프 박물관에는 1960년대 김규면과 김병하, 그리고 간도 15만 원 의거의 최봉설 등이 함께 찍은 사진, 1920년대 초 김병하의 사진 등이 보관되어 있다. 이 사진들은 모두 김규면이 기증한 것으로 알려져 있다. 이러한 사실로 볼 때, 김규면과 김병하는 가까운 사이였으므로 "강우규 기타 대원들은 석왕사에서 맡은 책임들을 준비케 하고 원산에 최자남이와 경흥에 김병하는 운반 연락원으로 조직하였다"는 김규면의 증언은 진실일 가능성이 크다고 보여진

김규면, 김병하(1열 좌측부터), 김본, 최봉설(2열 좌측부터)

다.

앞의 인용문에서 김규면이 강우규가 신민단의 유격대장이라고 한 부분은 사실이 아닐 것으로 생각된다. 이는 김규면이 자신이 중심적인 역할을 하였던 신민단을 부각시키기 위한 마음에서 나온 증언으로 보인다. 따라서 진실은 신민단이 아닌 한인사회당의 일원이 아니었을까 한다. 그러나 한인사회당과 신민단의 구별은 사실 큰 의미를 갖진 않는다. 왜냐하면 1919년 4월 블라디보스토크 신한촌에서 한인사회당과 신민단이 합당을 하였기 때문이다.* 다만 이러한 사실은 강

* 김규면, 『誠齋略傳에 관한 回想記』(1963.6.20).

우규가 1919년 3월 만세운동을 전개한 후 그해 4월 조선에서 그 후의 정세를 탐지하기 위해 블라디보스토크에 간 것과 * 관련해 다음과 같은 의문을 갖게 한다. 그것은 그가 이 시기에 블라디보스토크에 간 것이 조선의 정세를 탐지하기 위한 것이었을까, 아니면 3월에 창설된 노인동맹단과 관련이 있는 것이었을까, 그것도 아니라면 한인사회당 제2차대회에 참여하기 위한 것이었을까 하는 풀리지 않는 의문이다.

정리해 보면, 강우규 의거의 배후에는 재판과정에서는 드러나지 않았지만 이동휘·김규면·정재관 등이 연관되어 있었을 것으로 보인다. 이들이 직접적으로 의거의 배후로 지목되지 않은 것은 앞서와 같이 강우규가 재판과정에서 관련 인물들을 보호하기 위해 사용한 고도의 전술에 따른 것이 아닐까 한다. 이것이 사실이라면 그는 죽는 순간까지 이들을 지켜낸 것이 된다. 결국 강우규는 재판과정에서 진술을 통해

1920년 초 김병하

***

* 『독립운동사자료집』11, p.596 ; 『동아일보』1920년 4월 15일자.

자신이 이루고자 한 바를 모두 이루어냈다고 볼 수 있다. 즉 강우규는 의거의 배후로 노인동맹단을 거론함으로써 이 단체의 존재는 세계만방에 알리고, 동시에 관계된 배후의 다른 인물들은 철저하게 보호하려는 의도였다.

제6장

의거 후의 이야기
– 체포와 재판, 그리고 남겨진 가족들의 아픔

　강우규 의거의 끝은 사이토에게 폭탄을 던진 그 순간이 아니었다. 의거는 폭탄을 던지고 이후 받게 된 재판과 그로 인해 사형에 이르기까지, 그의 생의 마지막까지 이어졌다. 아니 오히려 자신의 죽음으로 조선 청년들의 가슴에 독립에 대한 뜨거운 열정을 심어주었으니 그의 의거는 죽음 이후에도 계속되었다고 보아야하지 않을까.

　이번 장은 폭탄이 터진 그 이후의 이야기를 담고 있다. 먼저 불꽃처럼 뜨거웠던 의거의 순간 직후 그가 체포되고 이후 받게 된 재판에서 어떠한 모습이었는지를 살펴보고자 한다. 이를 통해 우리는 의거 직후 그가도망을 하였는지 아니면 그렇지 않았는지, 또 그를 체포한 경찰 김태석에 대한 사실, 그리고 재판 과정에서 그의 모습 등을 구체적으로 확인할수 있다. 다음으로는 강우규 의거의 숨은 공로자인 그의 가족들의 이야기를 다루고자 한다. 그의 의거로 감당해야 했던 가족들의 아픔을 우리는 결코 잊어서는 안 될 역사적 사실이다.

▌의거 직후에서 재판에 이르기까지 과정

▣ 도망하였다 vs 도망하지 않았다

목숨을 바칠 각오로 힘껏 던진 폭탄이 목표했던 사이토에게 미치지 못한 것을 알고 난 이후 강우규는 어떤 행동을 하였을까? 또 재판에 이르기까지 그에게는 어떤 일들이 있었을까? 이번 절에서는 이와 같은 물음들에 대한 답을 얻고자 의거 직후에서 재판 전까지 과정을 구체적으로 살펴보려 한다. 이는 여러 자료들을 토대로 추측해 볼 수 있는데, 먼저 『매일신보』는 의거 이후의 강우규의 행동에 깊은 관심을 보이며 다음과 같은 보도를 하였다.

『매일신보』 1919년 10월 7일자

당시의 광경

– 구경꾼 틈에 끼어 폭탄을 던지고 도망해

(전략) 폭발탄으로 총독을 겨누고 던지었으나, 총독이 무사하였음을 보고 낙심천만하여 그곳에서 도망을 하여 잠시 경성시내에 잠복하려던 중 수염을 깎고 복식을 고치고 이름을 강영일(姜寧一)이라고 가칭하고 이곳저곳을 교묘히 피하여 다니다가 드디어 지난 9월 17일 체포되어 본정 경찰서에서 취조 중이더니 이번에 검사국으로 넘어갔다더라.

『매일신보』 1919년 10월 8일자

범인 강우규의 의기 있는 자백

– 흉행을 한 이후에는 눈을 감고, 하늘을 향하여 가만히 기도해

강우규는 총독의 마차를 노리고 폭탄을 던진 뒤에는 고요히 눈을 감고 하늘에 기도 하며 경관이 잡으리라 하고 섰더니, 꿍꿍한 소리가 나며 폭향이 발함으로 눈을 번쩍 떠서 본즉, 섭섭하게 폭탄이 맞을 곳에 맞지 않고 총독 마차는 자기 앞으로 지나가는 지라. 그만 실망하여 다시 눈을 감고 잡혀가기를 고대하였으나, 아무도 잡는 사람은 없고 자기의 곁에 서있던 사람들의 '달아나자! 달아나자!' 하는 소리만 들리었으나, 자기는 별로 달아날생각도 없으므로 슬슬슬 걸어서 '주인집'으로 돌아왔다.

도중에 누군가 자기를 따라오는 사람이 있었으나, 얼마 아니하여 다른 곳으로 감으로 그 후에 바로 수염을 깎았으나 결코 잡히지 않으려고 그렇게 한것이 아니요, 자기는 국사 요직사인 즉, 결코 달아날 사람은 아닌즉 결코 인상을 변하게 할 필요는 없다고 말하며

또 강우규는 종로경찰서 내에서도 늘 국사의 태도를 가지고 검사국에서도 기운 좋게 과격한 말을 하여 과단한 행동이 있었다고 하더라.

위의 두 기사는 모두 의거 이후 강우규의 행적을 잘 보여주고 있다. 그러나 흥미로운 점은 단 하루 차이로 보도된 두 기사의 내용이 서로 정반대라는 사실이다. 즉 10월 7일자 기사는 강우규가 의거 직후 도망하여 이후 체포된 것이라고 기술하고 있는 반면, 10월 8일자 기사는 그가 의거 직후 도망하지 않았다고 하고 있다. 이와 같이 강우규가 의거 직후 도망을 하였는가 도망을 하지 않았는가 하는 부분은 같은 신문에 그것도 하루 차이로 난 기사임에도 서로 다르게 기술되었을 정도로 의견이 갈리는 부분이다. 때문에 의거 직후에서 재판에 이르기까지의 강우규의 행적은 이 두 경우 모두를 고려하여 살펴볼 필요가 있다.

먼저 '강우규는 의거 직후 도망을 하였다'에 따르면, 의거 후 그의 행적은 다음과 같이 그려볼 수 있다.

폭탄 투척 이후 총독이 무사하다는 사실을 알게 된 강우규는 낙심하고 그곳에서 도망하였다. 현장에서 벗어난 그는 서울 시내에 숨기 위해 수염을 깎고 옷을 갈아입었으며, 이름도 강영일(姜寧一)이라 하고 이곳저곳으로 거처를 옮겨다녔다. 구체적으로 강우규는 오태영에게 부탁하여 그의 주선으로 가회동 82번지 장익규(張翊奎)의 집으로 숙소를 옮겼고, 또 얼마 지나지 않아 사직동 임승화(林承華)의 집으로 거처를 옮겨 다녔다.* 강우규는 이렇게 거처를 옮겨 다니던 중 1920년 9월 17일 아침 경성부 누하동(樓河洞) 17번지 임재화어(林在和)의 집에서 혼마치(本町) 경찰서 경찰관** 한인 순사 김태석(金泰錫)에게 체포되었다.***

다음으로 '강우규는 의거 직후 도망을 하지 않았다'에 따르면, 의거 후 그의 행적은 위의 경우와는 다른, 다음과 같은 모습으로 그려진다.

강우규는 자신이 던진 폭탄이 사이토가 탄 차에는 명중되지 못하고 그 근처에서 터지는 광경을 목격하였다. 안타까운 마음에 그는 현장의 상황을 바라보며 서 있었는데, 폭탄으로 인해 놀란 기마경찰대가 다급히 포진을 가해왔다. 이에 따라 우왕좌왕하던 군중이 자꾸 뒤로 밀려나게 되었고, 이러한 상황에서 그 대열에 속해있던 강우규도 자신의 의지와는 상관없이 현장에서 점차 멀어 지게 되었다. 그때 어린 조선 소년 하나가 지나가는 순사를 향해 강우규를 손가락으로 가

---

* 강영재, 『신동아』, p.195.
** 『매일신보』 1919년 10월 7일자.
*** 이병현 『강우규』, p.68.

리키며 "저 영감이 무엇을 던져서 이렇게 되었다"고 외쳤다. 하지만 그 순사는 우왕좌왕 정신이 없던 탓이었는지, 노인이 이런 일을 벌일 수 없다고 생각한 것이었는지, 아니면 조선 사람이었기 때문이었는지 그를 체포하지 않고 힐끔 보고 그냥 지나쳐갔다. 강우규는 자신의 예상과 달리 이와 같이 자신을 붙드는 자가 없는 것을 보고, 이것은 하느님께서 다시 기회를 주시는 것이라고 생각하였다. 그렇게 아무런 제제도 받지 않고 현장에서 나오게 된 강우규는 안국동에서 마음을 졸이고 있던 허형에게로 갔다.*

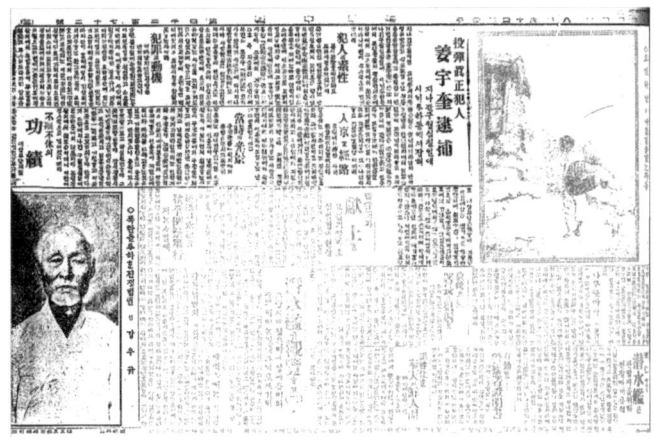

강우규 의사 체포 기사(매일신보 1919년 10월 17일자)

* 『독립운동사』 7, p.281.

큰일을 치르고도 태연한 표정으로 자신을 찾아온 강우규를 본 허형은 눈물이 날 만큼 그가 반가웠다. 그러나 그것도 잠시, 허형은 서둘러 강우규를 안전한 곳으로 옮겨야겠다고 생각하였다. 이에 허형은 당시 경성의학전문학교 학생이었던 함남 정평군 출신 오태영과 세브란스 간호원 탁명숙을 통하여 으슥한 하숙을 얻어 강우규를 피신하게 하였다. 이는 위의 경우, 즉 신변의 위협을 느낀 강우규가 오태영 등에게 부탁하여 스스로 거처를 옮겨다니며 피신한 것이라는 부분과 다르다. 강우규 본인이 아닌 허형에 의해 피신시켜졌다는 것이다. 그 과정에서 강우규는 머리와 수염을 깎았는데, 이것은 피신하기 위해서가 아니라 현장에서 잡히지 않고 무사했던 것을 하나님이 또 한 번의 기회를 주시는 것이라고 확신하여 다시 기회를 노리기 위해서였다. 강우규는 그러던 중 일본 경찰의 끈질긴 수사 끝에 실마리가 포착되어 체포되고 말았다.*

◼ 강우규 의사를 체포한 친일 경찰 '김태석'

여기서 우리는 강우규를 체포한 김태석이라는 인물에 주

---

* 『독립운동사』 7, p.282.

목할 필요가 있다. 그것은 그가 해방 이후 반민족행위처벌법에 의해 재판을 받는 과정에서 '강우규는 체포된 것이 아니라 자수를 한 것이다'라고 주장하였기 때문이다. 경기도경찰부 고등과 경부였던 김태석은 친일경찰, 특히 고등계 형사로서 '고문왕'으로 널리 알려진 인물이다. 그는 해방 후 반민족행위특별조사위원회에서 사형을 구형받았으나,* 이후 무기징역을 선고받고 복역하던 중 1950년 일본으로 도망하여 행방을 감추어 버렸다.

이러한 김태석이 재판과정에서 자신이 강우규를 체포한 것이 아니라, 강우규 스스로 자수를 한 것이라고 말하였던 것이다.** 『반민자대공판기』에 따르면 검찰관 곽상훈(郭尙勳)은 김태석을 반민법 제4조 2·4·5항, 5조 위반으로 기소하였는데, 강우규와 관련한 그의 범죄 사실은 다음과 같다.

피의자 김태석은 경기도 경찰부 고등과 경부 재직 시, 단기 4252년 9월 17일 서 울시 누하동(樓下洞) 17번지 임재화 방에서 동년 9월 2일 경성역전에서 신임하여 오는 조선총독 재등실에게 투탄한 강우규 선생을 체포하여 사형케 하고, 동 사건의 연루자인 허형

* 반민족문제연구소, 「김태석」, 『친일파 99인』 2, 돌베개, 1993, pp.97~102 ;
   김학민·정운현 공편, 「반민자죄상기」, 『친일파죄상기』, 학민사, 1993,
   p.271.
** 『독립운동사』 7, p.283.

최자남, 오태영 등 조선독립운동자를 검거 투옥케 함.

김태석은 재판 과정에서 자신의 범죄 사실을 전면 부인하였다. 그에게서는 조금도 죄의식을 찾아볼 수 없었다. 재판 내내 태연자약한 태도를 보인 김태석을 바라본 많은 이들은 분노하였다. 강우규와 관련한 범죄 사실을 부인한 김태석의 모습은 다음의 자료들을 통해 살펴볼 수 있는데, 우리는 이 속에서 강우규 의거와 체포와 관련된 사실들을 엿볼 수 있다.

『반민자대공판기』

어디까지나 태연자약

민족반역자 공판 제2일인 29일! 역시 첫날에 못지않게 방청객이 쇄도하였다. 이날의 방청객은 전날 방청객보다 좀 냉정한 표정들이다 이날의 주인공은 고문으로 유명한 김태석과 자칭 애국자로 유명한 이종형(李鍾榮)이다 특히 김태석은 경성역전에서 왜정 총독 재등실을 살해코자 투탄한 우리의 가장 애국투사 강우규 선생을 체포하여 사형케 한 악질적인 반민자임에 더욱 울분과 흥미를 자아내는 심판이었다.

오전 10시 좀 지나 김태석과 이종형을 실은 자동차는 파동 치는 군중을 헤치면서 들어온다. 수천 개의 눈동자의 화살을 받으면서 피고는 형무관에 이끌려 하차하자 곧 법원 유치장에 들어갔다.

이날의 재판관은 제2부 노진설(盧鎭卨) 재판장에, 신현기(申鉉琦)·고평(高平)·김병우(金秉瑀)·김장렬(金長烈) 제배석판사에, 이의식(李義植) 검찰관과 곽상훈 검찰관이다.

오전 10시 30분 우선 곽상훈 검찰관 입회로 김태석에 대한 사실 심리가 시작되었다. 김태석은 검정 두루마기에 혈기왕성하게 입장한다 입정 시 얼굴에 웃음을 띠우면서 끌리어 들어오는 것을 본 방청인들은 그의 대담성을 다시 생각하였다. (중략)

재판장 : 서울역에서 폭탄사건이 발생할 때 피고는 참견하였다지?

피   고 : 네. 하였습니다.

재판장 : 그때 강우규 선생이 투탄한 사실을 좀 이야기하시오.

피   고 : 네. 역에서 사이토가 신문기자의 사진 찍힐 때 폭탄을 던지는 것을 보았습니다.

재판장 : 강우규 선생을 피고가 체포하였지?

피   고 : 천만에 말씀이오! 강 선생은 9월 12일 종로서에 자수하여 왔습니다.

재판장 : 그때 피고는 강 선생을 수색하였다고 하는데?

피   고 : 피고는 그 사건에 전혀 관계치 않았습니다. 피고는 그때 당시 병이 나서 일주일 만에 변소에 겨우 갈 성노였습니다.

재판장 : 피고가 종로서에서 강 선생을 취조하였다는데?

피   고 : 아닙니다.

이것으로 일단 김태석에 대한 심문이 끝났다. 피고 김에 대한 심문 중, 공판석에서의 웃음이 무려 수십 번이나 터졌다.

재판장은 담당검찰관에게 피고 진술에 대한 이의 여부를 물으니, 이제까지 피고의 회개치 못하고 오히려 검찰관 조서를 전적으로 부인하는 태도에 몇 번씩 안경을 벗었다 썼다 하며 손에 든 연필을 내던졌다 하던 곽상훈 검찰관은 분연히 일어서면서 다음과 같이 말하였다.

"피고 김태석의 이제까지의 진술을 본다면 조선 사람 중에서 가장 애국자이며 독립운동자가 아닐 수 없게 되었으니, 이 사실은 피고 김태석의 정신감정을 하여 볼 필요성이 있다. 강우규 선생 사건만 하더라도 9월 2일 폭탄을 서울역에서 던지고 9월 17일에 잡히었는데, 강 선생이 김태석에게 잡힌 것은 삼척동자도 다 알고 있는 사실이다 그리고 또한 강 선생으로 말하면 민족을 위하여 분투하고 몸을 바치신 어른인데 자수하였다는 것은 말이 되지 않는다."
이때 김태석은 여전히 그런 사실이 없다고 외치었다.

『연합신문』 1949년 4월 3일자
반민족행위처벌법 피의자 김태석 강우규의사를 체포한 일이 없다고 변명
방금 법정에 서게 된 반민피의자 중 과거 일제경찰로서 애국지사를 체포, 고문 투옥한 사실이 문서 혹은 세평으로 역연함에도 불구하고 그 범행시기가 20년 또는 30년 등 시간적으로 과거에 속하는지라 유력한 증인이 적고 혹은 주소 불명으로 지금에 없음을 기화로 노회한 그들 반민자들은 갖은 괴변으로 이를 부인하고 있거니와 지난번 제1회 재판 석상에서 반민피의자 김태석이가 자기는 "강우규의사를 체포한 일이 없다"고 변명하였다 함은 기보한 바

와 같으나, 이에 대하여 2일 특검 곽상훈 검찰관을 찾아온 한택렬(韓澤烈) 씨는 그와 같은 김태석의 괴변은 내가 당시 강우규의사와 같은 감방에서 보고 듣고 한 증언으로써 봉쇄할 수 있을 것이라고 전재하여 다음과 같이 말하였다.

"당시 폭탄 투척 의사로서 유명한 강우규 씨가 내가 복역하던 서울형무소에 수감되어 왔는데 그때 나와는 은밀히 통하고 있던 형무소 잡역부 이(李)모로부터 '오늘 수감된 애국지사가 바로 강우규 의사이며 김태석의 손에 체포되어 혹독한 고문을 당하였다더라'는 말을 들은 일이 있으며 기타 간수들이 누설한 바에 의하여 김태석이 강 의사를 직접 체포 취급한 것은 분명하다."

김태석은 계속된 추궁에도 끝까지 자신은 강우규의 체포와 관련이 없다고 주장하였다. 하지만 결백하다던 김태석의 주장과 달리 여러 정황과 증거들은 그가 강우규를 체포하였음을 증명해주고 있다. 한마디로 그는 해방된 이후에도 자신의 잘못을 뉘우치지 못한, 뼛속까지 친일의 잔재가 스며버린 인물이었다. 위의 자료들을 통해 "사이토가 신문기자의 사진에 찍힐 때 폭탄을 던진" 강우규는 이후 "김 태석의 손에 체포되어 혹독한 고문을 당하였다"는 것을 알 수 있다.

■ 체포된 후에도 여전히 '독립연설'

그렇다면 체포된 이후 강우규는 어떠한 모습이었을까? 이와 관련하여서는 다음의 자료가 참고될 수 있는데, 이는 일본아사히(朝日) 신문이 공개한 기록(『조선일보』 2000년 8월 9일자에 실림)이다. 여기에는 그가 취조 과정에서 보여준 의연한 행동이 잘 나타나 있다.

> '강우규의사 취조받으면서도 독립연설'
> 수사 담당했던 일본 경찰 밝혀
> 3·1운동 직후 사이토 일본 총독에게 폭탄을 던졌던 강우규의사는 일본 경찰의 취조를 받으면서도 당당하게 "독립연설"을 했던 것으로 확인됐다.
> 아사히신문이 8일 공개한 조선총독부 관리들 증언록 속에 강 의사를 직접 취조했던 당시 경기도 경찰부장 지바 료(千葉了)는 "당시 경찰은 명예를 걸고 사건을 수사했다"면서도 "그가 밉다는 감정은 조금도 들지 않았다. 그는 역시 우국지사였다"고 증언했다.
> 증언에 따르면 사건 15일 뒤 연행돼 온 강 의사는 취조실 의자에서 벌떡 일어나 탁자를 두드리며 독립연설을 시작했다. 연설 중 숨이 찼던 강 의사는 "물을 줄 수 없느냐"고 해서 받아 마신 뒤, 다시 탁자를 두드리며 약1시간 동안 연설을 계속했다.
> "공범자가 있는가"라는 지바 부장 질문에 강 의사는 "이처럼 큰일을 결행하는 데 누구와 상담할 수 있겠나"라며 반문했다고 한다.

당시 강우규를 취조했던 경찰부장의 생생한 증언은 우리들의 마음속에 무언가 뜨거운 것을 느끼게 한다. 취조를 받는 과정에서도 전혀 주눅 들지 않고 당당한 태도로 독립연설을

강우규와 증인 두 사람
(『매일신보』 1919년 10월 12일자)

하며 끝까지 혼자 모든 것을 짊어지려 한 강우규였다. 고된 취조를 받으면서도 청년의 눈빛을 가지고 연설하던 노인의 독립에 대한 열정은 적인 일본 경찰까지 감동시킬 정도로 대단한 것이었다. 특히 연설을 하던 중 숨이 차서 물을 마신 뒤에 다시 연설을 하였다는 부분은 그가 얼마나 독립을 열망하였는지를 짐작케 하는 동시에 가슴을 아프게 하는 부분이다.

강우규는 경성 본정경찰서에서 취조를 받은 이후 9월 29일 경성지방법원 검사국으로 송치되었다.* 강우규는 1919년 10월 20일에 기소되었는데, 일본 측은 한참이 지난 1920년

* 『독립운동사자료집』 11. p.79.

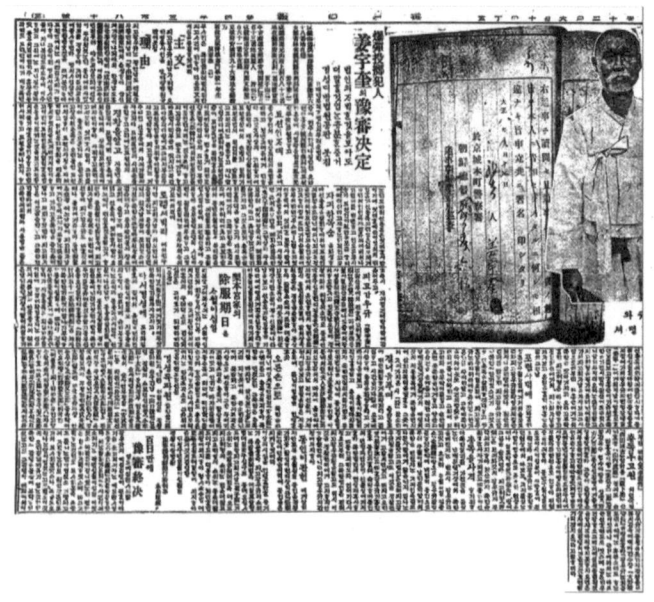

『매일신보』에 실린 예심종결서와 강우규 의사(『매일신보』 1920년 1월 30일자)

1월 28일에서야 예심 종결을 발표하였다. 이와 관련하여 강우규의 예심을 맡은 나가시마(永島雄藏) 판사는 강우규의 자백 이 분명하여 서둘러 예심결정서를 마무리 지으려 하였으나, 동경으로 보낸 폭탄감정이 늦어지는 등의 이유로 일정이 늦어진 것이라고 하였다.* 한편 『매일신보』 1920년 1월 30일자에는 「폭탄 투척 범인 강우규의 예심종결-범인이 자백한 것을 보아도 더 말할 것 없는 충분한 증거, 경성지방법원 공

* 『매일신보』 1920년 1월 30일자, 「100일 만에 예심종결, 영도 예심판사의 말」

판에 부처, 대담 불칙한 범인의 두려운 범행」이라는 제목하에 예심종결서 전문이 3면에 걸쳐 보도되었는데, 이것만 보더라도 당시 그의 사건이 얼마나 큰 주목을 받고 있었는지를 알 수 있다. 결국 강우규는 의거 이후 이와 같은 과정을 거쳐 최자남·허형·오태영과 함께 경성지방법원에서 재판을 받게 되었다.

■ 재판광경

▣ 경성지방법원 제1회 공판(1920년 2월 14일) – "재판관을 압도하며 거침없이 자신의 소신을 주장하다"

강우규의 재판은 어떻게 진행되었을까? 지금부터 그의 재판 과정을 차분히 따라가 보기로 하자. 강우규의 제1회 공판은 1920년 2월 14일 오전 10시 경성지방법원 제7호 법정에서 열렸다. 당시 세간의 주목을 받고 있던 대사건이었던 만큼 법정은 강우규의 장남 강중건을 비롯하여 100여 명의 방청객으로 가득 차 있었는데, 그중에는 서양 사람들도 다수

제1회 공판 관련기사(『매일신보』 1920년 2월 15일자)

포함되어 있었다. 마침내 법정으로 회색 무명옷 차림의 강우
규가 모습을 드러냈다. 그는 오오노(大野) 간수장의 안내를 받
으며 활발한 기상으로 출정하였다.

재판 과정에서도 강우규는 당시 『매일신보』 1920년 2월
15일자에서 「제1회 개정 폭발 범인 공판, 강우규의 대담한 태
도, 14일에 경성지방법원 제7호 법정에서 열리었다. 재판장
묻는 말에 거침없이 대담한 범죄 동기, 개청 이래 미증유 공

판」이라고 보도하고 있듯 재판장의 질문에 거침없이 당당하게 자신의 소신을 피력해 나갔다.

　제1회 공판 당시의 강우규의 모습을 구체적으로 살펴보면 다음과 같다. 먼저 강우규는 법정에서 투척 당시의 상황에 대해 다음과 같이 진술하였다.

『매일신보』 1920년 2월 16일자

남대문역 폭탄 투척하던 광경을 저저(這這) 진술

마침 내가 표 파는 데 서 있어서 이 사람 저 사람의 말을 주워들었는데, 총독이 정거장에 들어오면 우선 귀빈실에 들어가 있다가 나온다기에 정거장 귀빈실 근처로 가서 기다렸다. 처음에는 기병들이 서 있는 근처에서 기다렸는데 적당한 곳이 아니었다. 그래서 귀빈실 동편으로 가서 나무가 하나 앞에 있는 곳에 서 있었다. 이어 많은 인력거들이 늘어선 곳 뒤에 서서 기다리고 있었다. 이처럼 서서 기다리고 있는 사이에 나와 5~6간 떨어져 있는 거리에 마차 한 대가 나와 누구를 기다리고 있는 듯했다. 내가 그 마차를 바라보고 있을 때 부인 한 사람이 먼저 타는 것을 보았다. 이 부인에 이어 마차에 오른 사람은 총독이었고 그 다음으로 젊은 청년이 탔다. 나는 『매일신보』에서 사진을 보아서 총독의 얼굴을 알고 있었기 때문에 방금 마차에 오른 사람이 신임 총독이라는 것을 알고 허리에 차고 있던 폭탄을 끄집어내 손수건으로 싸서 가지고 있다가 고리에 낀 빗장을 뺀 후 곧 던졌다.

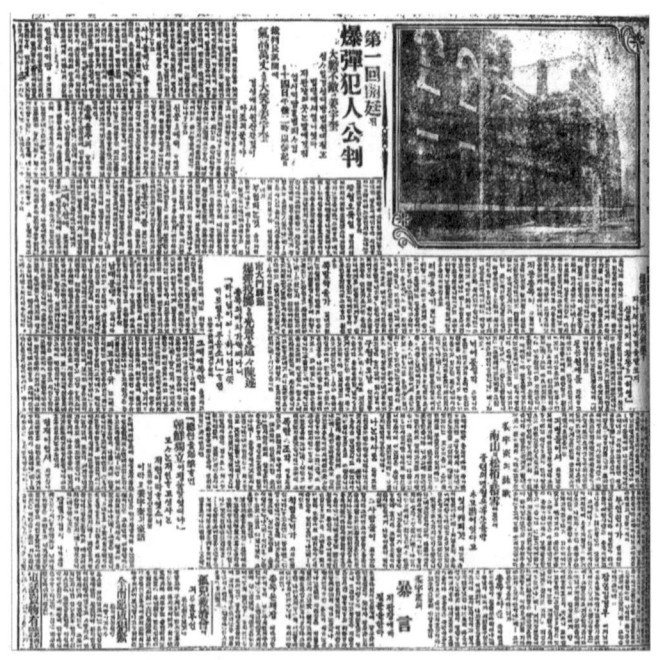

제1회 공판 관련기사(『매일신보』 1920년 2월 16일자)

이와 같이 담담한 태도로 법정에서 당시 상황을 진술한 강우규는 투척 이후 총독의 마차가 그냥 남대문을 향하여 가는 것을 보고 "하나님이여, 하나님의 뜻대로 이루어주옵소서" 라고 기도를 올렸다고 말하였다.* 아울러 강우규는 총독을

---

* 『매일신보』 1920년 2월 16일자, 「남대문 역두 폭탄 투척하던 광경을 這這진술. 총독의 마차가 떠나니 하나님이여 하나님의 뜻대로 이루어주소서 하던 강우규의 기도가 있었다」.

죽이면 조선이 독립될 것으로 알았느냐는 질문에 일을 계획하는 것은 인간이 하지만 일의 성패는 하늘에 달렸다고 생각하고 오직 하나님의 뜻에 따른다고 답변하였다.*

강우규는 제1회 공판 내내 이처럼 재판장이 묻는 말에 거침없이 대답해 나갔는데, 그의 당당한 태도는 다음의 자료를 통해 보다 구체적으로 확인할 수 있다. 아래는 허형의 회고담 중 일부이다.

> 강우규의 법정에 임하는 태도는 실로 당당하고 늠름해서 일본인 재판관들을 위압하였다. 재판관이 처음에 자기들 버릇대로 "피고는……" 운운하며 해라말(卑語)을 쓰려 하니 "이 죽일놈들……" 하며 꾸짖고 "너희들 일본인들은 ……" 이렇게 호령하는 식으로 일관했다. 그리고 자기의 소행이 하나님의 정의에 입각한 것이라 함을 현하(懸河)의 열변으로 주창하여 일본인들로부터 재판을 받는 것이 아니라, 도리어 일본을 재판하는 태도를 취했다. 재판장이 "그래 강 선생(피고란 말쓰기를 피하고)은 예수교 장로이신데, 예수교에서는 살인하시 말라는 계명이 있는 줄 알고 있다. 그 계명과 이번 거사와는 모순되지 않는가"하고 물으니 강 의사는 언하에 "그렇지 않다. 내가 곡식을 해치는 쥐를 구제(驅除)하려고 독약을 뿌려 놓았다면 그가 주워 먹고 죽든지, 안 먹고 죽음을 면하든지는 그

---

* 『매일신보』 1920년 2월 16일자, 「총독을 폭격하면 조선독립이 될 줄 알았느냐에, 모사는 재인하고 성사는 재천이라 하였으니 오직 하나님 명령만 따른 뿐이라고, 강우규의 호언」.

것의 책임이지 나의 알 바 아니지 않느냐"고 반문하여 재판장의 말 문이 막히게 했다.*

위의 글을 읽는 내내 귓가에 우렁찬 강우규의 목소리가 들리는 듯하다. 60세를 훌쩍 넘긴 힘없는 노인이 막강한 힘을 가지고 자신의 생명을 좌지우지할 일제 앞에서 어찌도 저렇게 당당할 수 있었을까? 이처럼 강우규의 강인한 신념 앞에서는 일제의 재판장도 기가 축을 수밖에 없었는데, 이는 그의 손녀 강영재의 다음과 같은 기록을 통해서도 확인할 수 있다. 이 글은 강영재가 강우규의 1심 재판과 관련하여 집에서 들은 이야기를 바탕으로 증언한 것으로 여기에는 1회 공판의 전반적인 모습이 잘 나타나 있다.

경찰의 조사와 예심판사 영도웅장(永島雄藏)의 예심판결을 끝내고 조부님이 경성 지방법원의 7호 법정에 선 것은 1920년 2월이었다. 이때에 경성지방법원은 지금의 종로 네거리 신신백화점 바로 뒤의 빈터에 있었다. 이날 법정 주변에는 아침부터 방청하러 몰려드는 시민들로 인산인해를 이루었다. 특히 법정 안에는 전에 3·1 운동에 참여하였다가 옥중에서 고생하고 나온 인사들과 시위 학

---

* 『매일신보』 1920년 2월 16일자, 「제1회 개정에 폭탄범인 공판 大勝不敵의 강우규, 14일 경성지방법원 제7호, 재판장의 묻는 말에 거침없이 대담한 범죄사실, 14일 오후 2시 이후 재판장심문에 기고만장으로 대소한 강우규, 경성에서 원산 간 것이 아직 의문」.

생들, 그리고 스코필드 박사, 빌링스 씨 등 우리 독립운동을 측면에서 성원하던 외국인들도 다수 방청 석에 앉아 있는 것이 이채로웠다.

개정 시간이 되자 입천(立川) 재판장 등 배석판사와 검사가 등단하고 조부님도 지금 서린동 어린이 놀이터 자리의 재판소 구치소에서 마차를 타고 와서 7호 법정에 입정하였다. 그러나 그의 의표는 피의자의 풀죽은 초췌한 모습이 아니라 개성 장군의 당당한 귀환이었다. 동조리 바람의 훤칠한 키에 백발이 성성한 노안으로 방청석을 둘러보며 들어올 때, 그의 안광에서는 불꽃이 튀었다.

재판이 시작되어 재판장과 질의응답을 할 때도 그는 유유자적 조금도 구김새가 없었다. 입천 재판장이 조부님을 보고 "피고"라고 하니 그는 버럭 성을 내어, "꼬얀놈"이라고 일강 다치가와는 기가 꺾어 꼬박 영감님 강 선생이라고 존대를 붙였다.

그도 개인적으로는 조부님의 기상에 감복하여 시종 부드럽게 심문을 하였다.

심문 도중 재판장이 "월후환으로 원산에 입항할 때, 경찰의 신체검사를 받고 어떻게 폭탄을 감추었느냐"고 물으니 조부님은 "별 묘책이 있었던 게 아니고, 비단 주머니에 싸서 낭자 밑에 마치 부인들의 월경대처럼 찼더니 순사들이 보고도 별말없더군. 아마 내 낭자가 크다고 생각한 모양이지"하여 방청객들과 재판관들을 웃기기도 하였다.

그는 재판장의 질문에 불만이 있으면 거리낌 없이 꾸짖기도 하고 박장대소도 하였다. 마치 어른이 아이들을 데리고 노는 형국이었다. 방청객들은 이러한 조부님을 (중략) 보고, 민족적인 긍지를 느끼고 일제를 마음껏 비웃어 줄 수가 있었다.*

    강영재의 증언은 매우 생생하여 마치 그 광경을 보고 있는 듯한 느낌을 받는다. 당시 그의 재판에 스코필드 박사와 빌링스 씨 등 우리 독립운동을 측면에서 성원해주던 외국인들이 다수 방청을 왔었다는 사실은 강우규의 의거가 국내뿐 아닌 세계의 이목을 끌 정도로 대단한 것이었음을 짐작케 하는 부분이다. 아울러 강영재의 회고 속 재판광경은 재판이 주는 침울함이나 어두움 대신 왠지 모를 시원함과 통쾌함을 느끼게 하는데, 이는 그가 재판에서 보여준 호탕함과 당당함에 따른 것이겠다. 자신의 생명이 달린 일임에도 전혀 주눅 들지 않고 오히려 농담으로 재판장과 방청석에 있는 이들을 웃게 하는 그의 여유로운 모습은 강영재의 표현대로 "마치 어른이 아이들을 데리고 노는"것과 같았는데, 강우규의 이와 같은 모습이 방청객들로 하여금 대리만족을 느끼게 하였다. 즉 일제 앞에 당당하게 선 그를 통해 그동안 일제에 억눌려 왔던 사람들이 민족의 긍지와 함께 통쾌함을 느꼈다. 강우규는 재판 과정에서조차 민족운동을 전개한 셈이다.

    오후 5시 10분경 강우규에 대한 심문이 모두 끝이 났다. 그

* 『매일신보』 1920년 2월 15일자, 「강우규 심문내용」.

러자 강우규는 재판장에게 오히려 다음과 같은 질문을 던졌다. "이 재판은 천황이 시켜서 하는 것이냐, 아니면 총독이 시켜서 하는 것인가?" 이에 재판장은 "법정은 천황의 재가를 받을 뿐이요, 재판은 재판소 독립으로 한다"고 답변하였다. 그러자 강우규는 "그러면 나만 어찌하여서 신문하며 구치하는가? 내가 알기로 재등은 세계 평화를 좀 먹는 일대 죄괴(罪塊)인데, 왜 잡아다 신문하지 않고, 나만 이 궁지에 몰아넣는가'라며 소리를 버럭 질렀다. 부당함에 분을 가라앉히지 못한 그는 청년과 같은 힘으로 의자를 번쩍 들어 집어던지기까지 하였다.* 이렇게 강우규의 1회 법정이 끝이 났다.

▣ 경성지방법원 제2회 공판(1920년 2월 18일) – "사형언도 선고에 '고얀놈들'이라고 고함을 치다"

강우규의 제2회 공판은 제1회 공판으로부터 4일이 지난 1920년 2월 18일에 개최되었다. 이 공판은 강우규보다는 동지들인 최자남·허형·오태영 등에 대한 것이었다. 이미 1회 공판에서 강우규의 기상을 익히 확인한 바 있던 재판장은 공판을 시작하기에 앞서 먼저 그에게 조용히 앉아서 듣고 참

---

* 「매일신보」 1920년 2월 16일자, 「강우규의 폭언 재판장에게 질문을 한다」.

제2회 공판 관련기사(『매일신보』 1920년 2월 20일자)

견하지 말아달라고 주의를 주었다. 이날도 1회 공판 때와 마찬가지로 법정 안은 많은 사람들로 가득 차 있었다.* 공판은 먼저 강우규의 동지들에 대한 심문을 한 후, 강우규를 기립하게 하여 그에게 동지들의 진술에 대해 어떻게 생각하느냐고 질문을 하는 순서로 진행되었다.** 강우규는 『매일신보』

* 『매일신보』 1920년 2월 17일자, 1920년 2월 19일자, 「강우규와 처음으로 원산에서 해우면담」.
** 『매일신보』 1920년 2월 20일자, 「18일 제7호 법정에서 개정된 폭탄범인 제2회 공판, 차례로 강우규의 공범자를 심문을 다한 후는 이 공판은 결심을 하고 끝을 마치었다. 준엄한 검사의 논고와 구형이 있은 후에 폐정」, 「이번은

사형을 선고받는 강우규의 모습(『매일신보』 1920년 2월 27일자)

1920년 2월 21일자 기사 제목, 즉 「추상열일(秋霜烈日) 같은 검사의 준엄한 구형, 강우규는 사형에, 기타는 징역에 처하여 달라고 구형하였다」를 통해 알 수 있듯이 이날 공판에서 결국 사형을 구형받았다.

사형을 구형받을 당시 강우규는 어떠한 반응을 보였을까? 제2회 공판에서 사형을 구형받은 당시와 이후의 상황은 그의 손녀 강영재의 다음과 같은 증언을 통해 구체적으로 살펴볼 수 있다.

과장과 억지의 범행사실을 거론하는 검사의 논고를 시종 눈을 감

오태영의 심문―남대문역 폭탄 사건은 당일 저녁 때 여관주인 아들에게 알아들었다」, 「강우규를 기립케 하고 재판장은 연루자의 진술에 대하여 어떻게 생각하느냐고 묻다」.

고 듣고 있던 조부님은 "사형을 구형한다"는 마지막 말이 떨어지자, 눈을 번쩍 뜨고 "고얀 놈들"이라고 고함을 치며 옆에 있던 의자를 검사에게 집어던졌다. 검사는 겁에 질려 뒷문으로 빠져 달아났다.

마차를 타고 재판소 구치소로 돌아가며 조부님은 따라 나온 방청객들을 향해 "조선 독립 만세"를 불렀다. 방청객들도 이에 따라 몇 사람 만세를 부르는 사람이 있었지만, 그 기세는 겁먹은 작은 소리였다. 그때는 우리 겨레의 기상이 일재의 탄압으로 위축되었던 때였기 때문이다.

이즈음 아버지 중건이 신흥동에서 올라와 과부로 혼자 살고 있는 사촌누님과 같이 영천동 서대문 형무소 근방에 방 한 칸을 얻어 조부님의 옥바라지를 하고 있었다. 그는 혹 조부님을 살릴 방도가 있을까 하여 변호사를 대고자 조부님께 의논하였다.

그러나 조부님은 "천하만사가 모두 내게 달려 있는 것이지, 무슨 율사가 필요하겠는가"하고 이를 거절하였다.

강영재의 증언을 통해 확인할 수 있듯 강우규는 자신에게 사형이 구형되었음에도 전혀 주눅 들지 않고 여전히 어른이 아이를 대하는 듯한 태도로 "고얀 놈들"이라 소리치며 일제의 처사에 강하게 분노하였다. 사형이 구형된 이후 구치소로 돌아가는 길에도 방청객들을 향해 "조선 독립 만세"를 불렀다고 하니, 사형 구형이라는 극한의 상황도 독립에 대한 그의 열망을 꺾을 수는 없었던 것 같다. 하지만 아들의 입장에서 사형이라는 결과는 청천벽력과 같은 일이었다. 이에 그의 아들 강중건은 변호사를 세워 어떻게 해서든 그를 살려보려 했던 것인데, 강우규는 이마저 거부하였다. 그가 변호사를 세우는 것을 거부하였다는 사실은 『매일신보』의 다음과 같은 기사를 통해서도 확인할 수 있다.

『매일신보』 1920년 2월 21일자

피고의 아들 강중건이가 강우규에게 향하여 변호사를 청하여 주마 하여도 이에 대하여 일언으로 거절하였다.

사실 강우규는 이미 죽음을 각오하고 있었다. 이후 그의 유언을 통해 확인할 수 있지만, 그는 자신의 죽음을 통해 청년들의 가슴에 뜨거운 열망을 심어주기로 작정하고 있었던 것이다.

결국 이로써 1919년 2월 25일 강우규에게는 사형이 언도되었고, 최자남은 징역 3년, 허형은 징역 1년 6개월, 오태영은 무죄 판결을 받았다. 검사의 구형과 달리 오태영만 증거불충분으로 무죄를 선고받게 되었던 것이다.* 사형이 확정되던 당시의 상황을 강영재는 다음과 같이 회상하고 있다.

---

* 『매일신보』 1920년 2월 26일자, 「강우규는 사형」.

2월 25일 드디어 입천(立川) 부장판사는 조부님에게 사형을 언도
하였다. (중략) 입천 부장판사의 판결 가운데서도 "강우규는 완고
무지하고, 오만 무례하여 비록 미수에 그쳤다 하지만, 개준(改俊)
할사람이 아니라"고 하였으니, 악독한 그들의 수법으로도 조부님
의 굳은 뜻을 돌이킬 수 없음을 인정한 것이었다. 조부님은 오히
려 담담한 마음으로 평생을 끝막을 마음의 준비를 했다.

이즈음 영친왕 이은(李垠) 공의 가례가 있어 전국적으로 정치범에
대한 특사가 있어서 많은 사람들이 감형되었다. 그러나 조부님의
사건은 법률 이전의 정치문제였기 때문에 조부님에게는 아무런 은
전이 없었다.*

일제는 강우규의 기상을 꺾을 방법은 죽음밖에 없다고 생
각하고 사형 선고를 내린 것이었지만, 그들의 생각은 틀렸
다. 이때 담담히 죽음을 받아들이고 있던 강우규는 자신의
죽음을 거름으로 하여 이후 조선 청년들의 기상을 크게 싹틔
울 준비를 하고 있었기 때문이다. 제2회 공판은 표면적으로
는 강우규에게 사형 선고를 내린 일제의 승리였지만, 결국은
어리석은 아이였던 일제가 현명한 어른 강우규에게 패한 것
이었다.

* 강영재, 『신동아』, pp.196~197.

■ 경성복심법원에의 공소투쟁(1920.4.14) - "동지들을
  위한 변호"

강우규는 제2회 공판 이후 경성지방법원의 경성복심법원
에 공소하였다. 그러나 이는 자신의 목숨을 구하기 위한 것
이 아니었다. 즉 그의 공소는 오로지 자신의 의거로 인해 위
기에 처한 동지들을 변호하여 그들을 구하기 위한 방편으로
이루어진 것이었다. 강우규와 함께 최자남도 2월 26일 공소
를 제기하고 변호사를 선임하 였는데, 허형만은 공소 제기를
포기하였다. 이들의 재판은 애초에는 1920년 4월 5일에 열
릴 예정이었으나 연기되어 1920년 4월 14일에 개정되었다.

강우규가 공소를 제기하였다는 사실과 공판 날짜가 이와

복심 재판에 나선 강우규의 모습(『매일신보』 1920년 4월 15일자)

같이 변경되었다는 것은 『동아일보』의 다음 두 기사를 통해 확인할 수 있다.

『동아일보』 1920년 4월 1일자

강우규 공판은 금월 5일 개정
강우규는 경성지방법원에서 사형 선고를 받은 것을 불복하고 경성 복심법원에 공소하였는바, 오늘 5일에 개정한다더라.

『동아일보』 1920년 4월 9일자

강우규 공판 14일에 개정
폭탄 범인 강우규 이외 두 명이 공소한 공판은 금월 14일 오전에 개정, 피고 최자남만 변호사 송본정실(松本正實) 씨가 변호하게 되었다더라.

이렇게 열린 강우규의 공소 공판에도 제1회, 제2회 공판 때 못지않은 많은 사람들이 몰려들어 일대 혼잡을 이루었다. 강우규에 대한 세간의 관심을 다시금 확인케 한 이날의 광경은 다음의 『동아일보』 기사에 잘 나타나 있다.

『동아일보』 1920년 4월 15일자

강우규 공소 공판 14일 오후부터 개정, 조금도 은휘 없이 공술
-재판소의 혼잡
온 세상의 이목을 경동하고 제1심에서 사형을 선고받은 폭탄 범인 강우규의 공소 공판이 지난 14일 개정하게 되매, 만성 인심은 다

시 들끓듯하여 방청을 하고자 구름같이 모여드는 사람이 아침부터 재판소 구내에 가득히 차고, 각 서에서 파견한 붉은 테 두른 경관들이 40, 50명이나 들어와 칼집을 번쩍이며 경계하는 모양은 지금 무슨 일이나 일어날 듯이 살기가 충만하고, 방청인의 얼굴에는 모두 흥분한 얼굴에도 방청이 허락되지 못할 것을 근심하는 염려의 빛이 가득하다가 오정이 차차 가까이 오매, 사람은 더욱 들이 밀리어 재판소 문 어구에 두어 명의 경관이 장승같이 서서 재판소에 들어오는 사람을 제지하고, 이미 들어온 사람은 혼잡을 피하기 위하여 인민류대 에 다 몰아놓고 임시구류를 행하는 (중략) 중에도 (중략) 강우규의 들어오는 모양이라도 보고 가겠다고 나가지 아니한다.

호송마차에서 내리는 강우규 의사(『동아일보』 1920년 4월 16일자)

그 어느 때보다 뜨거운 주목을 받으며 열린 그들의 공소 공판 결과는 어떠했을까? 그 결과는 『동아일보』의 당시 기사 제목들에 그대로 나타나 있는데, 살펴보면 다음과 같다. 1920년 4월 16일자 『강우규 공소공판 검사의 구형은 역시 사형이었다. 이에 대하여 강우규는 끝까지 태연하였다』, 1920년 4월 27일자 「강우규 또 사형에, 26일 복심법원에서 판결, 폭발물취체규칙 위반으로 사형, 최자남은 징역 3년, 공소기각」. 정리하자면, 강우규와 최자남 모두 공소가 기각되어 종전처럼 각각 사형과 징역 3년을 언도 받았다. 사실 이즈음에 영친왕의 가례(嘉禮)로 정치범에 대한 특사가 많이 있었는데, 그들에게는 이러한 혜택이 전혀 돌아가지 않았다. 이러한 사실은 『동아일보』 1920년 5월 4일자 기사 「친자 간의 천정(天情), 죽음의 칼날을 밟고 선 어버이, 원한의 핏덩이가 끓는 아들」을 통해서도 확인할 수 있다. 여기에는 "이번 은사칙령이 내리어 정치범인 중 대다수가 출옥되었으나, 오직 온 세상의 이목이 모이는 강우규는 이 속에 들지 못했다"는 내용이다. 강우규는 공소 공판 결과로 4월 26일 사형이 선고된 이후 다시 고등법원에 상고하였지만, 5월 27일 이것마저도 기각이 되어 사형이 확정되고 말았다.*

이렇게 모든 재판을 끝마친 강우규는 이후 어떤 모습이었

---

* 이병헌, 「강우규」, p.69.

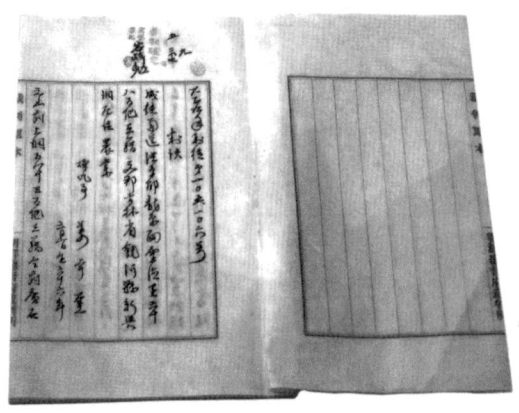

강우규 의사 판결문

을까? 다음의 『조선일보』 기사는 사형이 확정되고 난 후 그가 감옥에서 어떻게 지냈는지를 구체적으로 보도해 주고 있다.

『조선일보』 1920년 6월 30일자

그의 몸은 아무 연고 없이 지내오는 중이라. 아침 6시에 일어나 밤 9시에 자는데 음식은 소화가 불량한 까닭으로 아침저녁에는 밥을 먹으며 낮 점심밥에는 미음을 먹는 중인데, 체증기가 있어서 좀 괴로히 지내는 모양이며, 약간의 지절봉으로 괴롭게 지내는 중이 라 하며, 밤에 잠을 자지 못하는 고로 신경이 쇠약하여 얼굴이 마른 듯하나 그 외에는 아무 일도 없다고 한다.

그 기상만큼은 청년과 비교하여도 손색이 없는 그였지만, 당시 그의 나이 66세였다. 긴 재판만으로도 충분히 고단했을

『조선일보』(1920년 6월 30일자)

그의 몸인데, 감옥에서의 생활을 견디기는 더욱 어려웠을 것이다. 노인이 감당하기에는 가혹했을 감옥에서 그의 고난은 『동아일보』 1920년 8월 11일자 기사 제목 「아 암흑한 죽음의 손, 이 참혹한 굶주림의 귀신, 강우규의 말로, 찌는 여름 철장 아래에 사형 위에 주림까지는」를 통해서도 어렵지 않게

서대문 형무소와 그 내부

짐작해 볼 수 있다. 사형을 눈앞에 두고 소화불량과 지절통에 더해 더위와 굶주림에 시달렸을 고령의 노인 강우규의 애처로운 모습이 그려져 가슴을 아프게 한다. 하지만 인간적인 이러한 고통 속에서도 그는 의연한 모습을 보여주었다. 이는 다음의『동아일보』기사에 잘 나타나 있다.

『동아일보』1920년 9월 3일자

그 감옥 직원의 말을 들으면, 강씨는 종일토록 성경만 침독하며 다른 생각은 조금도 없는 듯하며, 밥 먹는 것이든지 다른 여러가지가 보통사람과 다른 것이 없으며.

강우규가 더욱 대단하게 생각되는 것은 바로 이러한 점 때문이다. 그는 60세가 넘은 노인이 인간적으로 느낄 수 있는 고통과 죽음이라는 두려움을 자신의 신념으로써 모두 초월하였던 것이다. 감옥에서는 보통사람과 다른 것 없이 행동한 그였지만, 그는 결코 보통사람이 아니었다. 인간적으로도, 우리 역사 속에서도 특별할 수밖에 없던 강우규는 마침내 1920년 11월 29일 사형이 집행됨에 따라 고단했지만 누구보다 빛났던 삶을 마치게 된다.

『조선일보』1920년 12월 2일자

지난 11월 29일 오전 4시에 서대문 감옥에서 사형을 집행, 그 죽은 시체는 29일 오후 2시에 강우규의 아들 강중건의 신청에 인하여 그에게 인도하여 즉시 서대문밖 공동매장지에 매장하였다.

서대문형무소 사형장(1923년 설립)

■ 남겨진 가족들의 아픔

지금까지 강우규가 체포된 이후 재판을 받고 사형에 이르기까지의 전 과정을 살펴보았다. 그런데 여기서 한 가지 살펴보지 않은 것이 있다.
그것은 그 큰 그림 속에
숨어 있는 작지만 눈에
띄는 그림 하나, 즉 그런
강우규를 지켜본 그의
가족들의 모습이다. 이
번 절에서는 우리가 결
코 간과해서는 안 될 그

가운데는 방청석에 앉아있는 강우규의 아들 강중건(가운데)

작은 그림을 자세히 들여다보기로 하자.

강우규의 의거 이후 남겨진 가족들의 모습은 여러 신문기사를 통해 확인할 수 있다. 먼저 『동아일보』의 다음 기사는 법정을 찾아온 강우규 부인의 애끓는 심정과 아들 강중건의 안타까운 마음을 엿볼 수 있게 한다.

『동아일보』 1920년 4월 15일자

강우규 공소 공판 14일 오후부터 개정, 조금도 은휘 없이 공술
― 편안한 의자를 가져오라고. 길림에서 찾아온 그 부인의 슬픈 빛
오후 1시 30분이 되어 7호 법정에서 공판이 열리매, 기다리고 있
던 군중은 물결처럼 몰려와서 그 많은 경관도 어쩌지 못하고 금시
에 방청석은 가득하였다.
방청석에는 남편의 마지막 얼굴을 보자고 멀리 중국 길림성 신흥

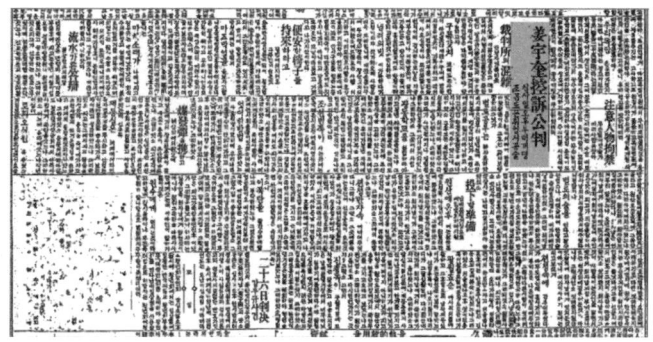

『동아일보』 1920년 4월 15일자

동을 떠나 올라온 강우규의 부인의 얼굴에 수심을 가득히 띠고 우
두커니 앉은 모양은 새삼스러이 여러 사람의 시선을 끌었으며, 부
친의 반가운 얼굴을 보고자 들어온 강우규의 자제 강중건(姜重建)도
감개무량한 듯 고개를 숙이고 깊은 생각에 잠겨있다.

정각이 되메 총원(塚原) 재판장, 상전(箱田) 배석판사, 사전(寺田)
검사가 참석 한후 유희들리는 마차소리가 나더니 피고 강우규는
법정에 나타났다. 회색 수의를 입고 얼굴에는 여전히 불그레한 화
기를 가득히 떠었으며, 위엄 있는 팔 자수염을 쓰다듬으며 서서히
들어오더니 허리가 아프니 좀 편안한 의자를 달라고 요구하였으나
재판장이 허락하지 않았다.

위의 기사에는 재판을 받는 남편을 바라보는 아내와 아버
지를 바라보는 이들의 모습이 잘 나타나 있다. 특히 강우규
의 부인은 그가 큰 뜻을 품고 만주 신흥동을 떠난 이후 남편
의 얼굴을 이날 법정에서 처음 보는 것이었기에 그 마음이

더욱 아팠을 것이다. "남편의 마지막 얼굴을 보자고 멀리 중국 길림성 신흥동을 떠나 올라온 강우규의 부인"의 얼굴에는 수심이 가득할 수밖에 없었다. 한편 강우규가 "허리가 아프니 좀 편안한 의자를 달라고 요구하였으나 재판장이 허락하지 않았"던 것을 본 아들의 심정은 어떠했을까? 60세가 넘은 아버지가 불편한 몸으로 재판정에 선 모습을 그저 지켜볼 수밖에 없던 아들 강중건. 그가 고개를 숙이고 어떠한 생각에 잠겼을지 짐작해 볼 수있다.

자신으로 인해 가슴 아파할 아들의 이와 같은 마음을 알고 있던 강우규는 다음과 같은 말로 그를 위로하였다고 한다.

『동아일보』 1920년 5월 4일자

친자간의 천정
– 죽엄의 칼날을 밟고 선 어버이, 원한의 핏덩이가 끓는 아들
사형 선고가 되니까 내가 낙심할까 보아 일부러 웃으시며, "생사를 두려워하는 것은 하등배이니라. 너, 조금도 애비 죽는다고 어찌 알지 말고, 아무쪼록 잘 살아가거라" 하시면서 울지도 못 하게 하시옵니다. "내가 죽더라도 육체의 애비가 죽는 것이니까, 영혼의 애비는 영원히 살아있을 것이다" 하시면서 아무렇지도 않으십디다.

위의 인용문 속에는 위인 강우규 의사가 아닌 인간적인 아

버지 강우규, 즉 자신의 죽음으로 이들의 마음이 다칠까 염려하여 애써 웃음 짓는, 이들을 사랑하는 아버지 강우규가 있다. 세상에 어떤 부모가 자신의 사랑하는 자식을 두고 담담히 떠날 수 있겠는가? 강우규도 보통의 사람들처럼 가족에 대한 사랑이 강한 남편이자 아버지였지만, 그는 조국의 독립을 위해 그 모든 아픔을 견뎌냈다. 위의 신문기사 내용 뒤에 이어진 다음의 내용을 보면, 보통 사람들은 갖기 어려운 이와 같은 그의 신념을 확인할 수 있다.

건강이요? 어찌 건강히 살 수가 있습니까. 늘 체하여서 요사이는 약을 청구하여 잡수십니다. 아무리 그렇게 말씀하셔도 어디 자식 된 마음에야 그렇습니까. 부자의 정으로는 그래도 한 번 그 옥문 밖으로 나오시기만 기다려집니다. 내가 슬퍼하는 기색이 있으면, 글쎄 내 아비 나이 육십여 세이니 사십쯤 하여 내가 죽었으면 어떻게 하였겠느냐 (중략) 하시고, 위로를 하시지요.
원래 의술을 잘 아시니까. 일 년에도 수천 원을 버시지만은 그 돈을 한 푼도 내 게 주시지 아니하고 전부 학교에 기부하시면서, "너는 너대로 살아라, 나는 나 할 일이 있으니까" 하십니다.

위의 인용문을 통해서 아들의 마음을 걱정하는 아버지 강우규의 모습과 자신의 확고한 신념대로 살아간 위인 강우규의 모습을 동시에 확인할 수 있다. 지금이야 우리나라에 기부문화가 어느 정도 정착이 되었지만, 이때까지만 하여도 부모들이 자신의 재산을 자식이 아닌 나라와 사회를 위해 내놓는 일은 극히 드물었다. 그러나 강우규는 나라를 위하는 길이 바로 자신이 사랑하는 자식을 위하는 길이라는 신념을 가지고, 자신의 전 재산을 조국의 청년들을 위해 바치고 그것도 모자라 자신의 목숨마저 바쳤다.

이렇게 자신의 목숨을 기꺼이 내놓은 강우규와 달리 가족들에게 그의 죽음은 쉽게 받아들일 수 있는 것이 아니었다. 강우규의 사형이 확정되던 날, 아들 강중건의 기슴은 무너져 내렸다. 아래의 기사에는 아버지의 죽음을 슬퍼하는 그의 모습이 잘 나타나 있다. 아울러 여기에는 강우규의 아들답게 그 슬픈 와중에서도 "주여 우리 민족도 모든 세계 각국에 있는 각 민족과 같이 행복 얻게 하여 주소서"라며 기도한, 즉 개인적인 슬픔에 앞서 조국을 생각한 강중건의 모습이 담겨 있다.

『동아일보』 1920년 5월 29일자

종로에서 기도, 강우규 아들이

(강우규의 사형이 확정된 날) 저녁때에 근년에 처음 보는 이상기후여서 뇌성과 번개가 요란하고 빗발과 우박이 내려 퍼붓다가 오후 7시에 하늘은 적이 개이고, 세상은 어두워 가는데 부친의 사형 결정을

듣고 치밀어 올라오는 효성과 진정에서 솟아나는 눈물을 (중략) 강 우규의 아들 강중건은 종로 네거리에 나와서 하늘을 우러러 '주여 우리 민족도 모든 세계 각국에 있는 각 민족과 같이 행복 얻게 하여 주소서" 기도하는 것을 마침 파출소에 있는 순사가 발견하고 종로경찰서로 구인하여 구금 중인데, 경찰서 편의 말을 들은즉, 장례를 경계하여 곧 방송할 터라고 한다.

한편 남겨진 가족들은 심적인 아픔 외에 경제적인 어려움도 겪었다. 강우규는 자수성가하여 어느 정도 성공한 재력가였지만, 그 돈을 모두 나라를 위한 일에 썼기 때문에 남겨진 가족들은 경제적으로 어려움에 놓일 수밖에 없었다. 상황이 이러하다 보니, 강우규의 가족들은 그에게 사식 하나도 제대로 넣어주기가 어려웠다. 자신들도 경제적으로 생활이 어려웠지만, 그보다 더 큰 아픔은 나이 든 아버지가 차가운 감옥에서 제대로 먹지도 못하고 있는 것을 그저 바라볼 수 밖에 없었다. 다음의 기사에는 경제적인 어려움과 일제의 감시로 인해 감옥에 있는 아버지를 제대로 돕지 못한 그의 자녀들의 안타까운 모습이 잘 나타나 있다.

「동아일보」 1920년 8월 11 일자
아 암흑한 죽음의 손, 이 참혹한 굶주림의 귀신, 강우규의 말로, 찌는 여름 철장 아래에 사형위에 주림까지

(강중건) 나는 본래에 어려서부터 아라사에서 크다시피 하였음으로 별로 친한사람도 없고 찾아올 사람도 없는데, 오도가도 못하게 거의 교통도 막아 누구 한 사람 만날 수도 없습니다. 이번에 해주에 가기는 아버지 사식 차입을 하기에 너무 곤란함으로 경성에서는 어찌할 수 없고, 낡은 양복 몇 가지 있는 것까지 팔아버려 속수무책임으로 그곳에 있는 일가들에게 사식 차입하는 보조나 얻을까 함이었는데, 그렇게 사지를 꼼작하지 못하게 하는 고로, 거의 쫓겨 온 셈이 되었다. 사식 차입은 주인에게 밥값 진 것이 300여 원이나 되어 이제는 어찌할 수 없는 경우에 빠져 하늘을 우러러 탄식하는 중이로소이다.

경성에 있는 것이 제 동생과 누이를 합하여 세 사람이 서대문 감옥 앞 현저동 19번지 윤홍식 집 방 두간을 간신히 빌려서 웅거하고 있는데, 아무리 조밥 먹더래도 한 달에 삼사십 원은 있어야 하겠으며, 사식 차입하는 데에 적어도 팔구십 원은 있어야 하겠는데, 덕천 큰 집에서도 그동안에 적지 아니한 돈을 가져왔음으로 더 가져오려 해도 가져올 돈이 없어 밭과 논마지기 있는 것을 팔아서 다 하여도 가지도 못하게 하려니와 금융이 핍박하여 실로 어렵습니다.

자식이 세상에 나서 부모 평생에 배 주리지 않게 봉양치는 못할망정, 늙은 부모를 옥중에 모시고 내일 아침에 돌아가실지, 모레 저녁에 돌아가실지 모를 부모에게 이제는 좁쌀 한 덩이 사드리지 못하겠으니, 참가슴이 터지고 심장이 뒤끓어 환장이 될 듯싶습니다. 옥중에 무사하신 줄은 그 그저께 면회를 했을 때보고 알았습니다. 그 손목을 잔뜩 동이어 매고 있는 모양을 볼 때에 앞이 캄캄하였습니다라고 눈물을 머금고 고개를 숙이더라.

일제는 옥중에 있는 강우규를 봉양하기 위해 경제적인 어려움을 조금이라도 해결해 보고자 이리저리 뛰어다니던 강중건을 감시하였고, 그 감시로 인하여 삶이 얼마 남지 않은 아버지에 대한 자식들의 효도는 더욱 더 어렵게 되었다. 강우규의 가족들에 대한 이와 같은 일제 측의 감시는 그가 사형을 당한 이후에도 계속되었다. 즉 남편을 아버지를 잃은 그의 가족들은 일제의 감시하에 그 이후에도 줄곧 고통받으며 살아갔다. 이 같은 사실은 아래의 기사를 통해서도 확인할 수 있다. 결국 그들의 슬픔은 강우규가 재판을 받는 동안, 사형이 집행되어 그가 죽음에 이른 순간, 그리고 그 이후에도 오랫 동안 계속되었다. 우리는 강우규라는 이름과 함께 숨겨진 그의 가족들의 아픔을 잊지 말아야 한다.

『동아일보』 1920년 8월 18일자

부친은 사형으로, 자식은 보호로!
나는 관리도 아니고, 귀족도 아닌데 왜!
강중건 씨의 기염(氣焰)
폭탄범인 강우규 씨의 아들 강중건 씨는 어제 오전 11시 40분 경 원선 열차로 함흥으로 떠났는데, 강중건 씨는 함흥으로 떠나기 전에 먼저 서대문경찰서에 와서 무슨 연고로 자기의 뒤를 쫓느냐고 매, 경찰서에서는 보호를 위해서라고 말하매, 강중건 씨는 크게 분개하여 부친은 사형으로 죽이고, 나는 보호로 죽이려 하는냐?

나는 귀족도 아니고, 관리도 아닌데 무슨 연고로 보호하느냐? 또 지금 내가 우리 부친 옥중 공궤에 일시가 어려운 중 시골 친족들이 나의 정형을 불쌍히 여기어 전량 칸이나 기부하는 것까지 못하게 하는 것은 무슨 연구이냐고 힐책하여, 이번 여행에 보호 순사가 따라가는 것을 극력 반대하였으나 결국 동서에서는 보호 순사 1명을 붙여 보냈다더라.

「동아일보」 1920년 8월 18일자

제7장

강우규의 상고취지서 분석

강우규의 상고취지서는 판결 1920년 형상(形上) 제58호에 수록되어 있다. 당시 66세였던 강우규는 1920년 4월 26일 경성복심법원이 선고한 판결에 대해 상고하였다. 이때 강우규는 경제적으로 어려워 변호사를 선임할 수 없었으므로 본인이 직접 상고문을 작성하였다. 『동아일보』 1920년 5월 8일자에서 「강우규의 상고문은 자기 손으로 직접 쓴 비분강개한 긴 글」이라 보도하고 있듯, 이 상고문은 그의 비분강개함을 보여주는 대표적인 글로서 높이 평가되고 있다. 상고문에는 사이토 총독처단 배경, 폭탄의 위력을 알고 있었는지 여부, 최자남과의 활동 여부, 상고 이유, 1심·2심 법원의 판결에 대한 비판, 동양평화를 위한 자신의 행동의 정당성 등이 언급되어 있다.

이번 장에서는 이 상고취지서를 분석함으로써 강우규의 사상의 일단을 파악해보고자 한다. 이 상고문은 앞서 설명한 대로 강우규가 직접 작성한 글이기 때문에 그의 사상을 이해하는 데 있어 큰도움이 될 것이다.

■ 의열투쟁의 배경

먼저 강우규는 상고취지서에서 의열투쟁의 배경, 즉 사이토 마코토 총독을 살해하려 한 이유에 대해 언급하였다. 그는 이것을 설명하는 데 앞서 전 총독 하세가와(長谷川)에 대해 잠시 언급하였는데, 그는 하세가와가 3·1운동과 그 이후 전개된 독립운동으로 조선 통치가 불가능하다는 것을 인식하고 사직·귀국한 것이라고 인식하였다. 아래의 내용이 이를 보여주고 있다.

> 신 총독 재등실을 살해하려고 한 것은 전 총독 장곡천(長谷川)이 조
> 선에 재임한지 장기간에 걸쳐 조선사정에 정통하였고, 선일(鮮一)

동화정책을 시행하여 바야흐로 통치의 결실을 거두려고 했다.

그러나 거년 3월, 저반 내외지(內外地)에 산재하고 있는 조선 2천만 인민이 일심 동의로 조선독립운동을 일으켜, 이로 말미암아 살육당한 자가 몇 천, 몇 만에 달했으나 사방에서 일어나는 치열한 독립운동은 연면(連綿)히 끊일 사이가 없음은 그 국 민성의 열성에서 오는 것으로 볼 수 있다.

이를 보더라도 조선통치는 불가능하다고 인정하고 단호히 사직(辭職) 귀국했다.

이후 그는 본격적으로 신임 총독 사이토에 대해 언급하였다. 즉 사이토가 어떤 인물이며 내임하는 목적이 무엇인가 하는 것이다. 그 목적에 대해 강우규는 다음과 같이 판단하고 비판하였다.

그런데 신임(新任) 총독 재등실은 이게 어떤 인물이며, 무슨 승산이 있어서 내임(來任)하는 것인가?

신임 총독 재등실의 내임은 실로 이것이 천의(天意)에 위배하며, 세계의 대세인 민족자결주의와 인도정리로써 성립한 평화회의를 교란하고 이웃을 사랑하라는 하늘의 계명(誡命)을 범하여 조선인민 2천만을 궁지에 몰아넣어 그 어육(魚肉)으로 삼으려는 것이다.

즉 강우규는 신임 총독 사이토의 내임은 하늘의 뜻에 어긋나며, 민족자결주의와 인도정의로써 성립한 평화회의를 교란하는 것이라고 인식하였다. 당시 강우규는 파리에서 개최된 강화회의에서 조선의 독립을 달성할 수 있을 것으로 기대하였던 것 같다. 그런데 이것이 사이토 총독의 부임으로 어려움에 처하지 않을까 심려하였던 것이다.

한편 위의 글에서 주목할 만한 것은 기독교 장로교 교인이었던 강우규가 그의 부임을 이웃을 사랑하라는 하늘의 계명을 어기는 것이라고 하여 종교적인 측면에서도 비판하고 있다는 것이다. 실제로 강우규는 폭탄을 투척한 직후 하나님에게 기도를 올렸으며, 투옥 생활 중에도 기도와 성경을 통하여 마음의 안정을 찾는 등 종교에 의지하려는 모습을 보였다. 이러한 점으로 미루어 볼 때 그의 항일투쟁은 기독교 신앙과 밀접한 관련이 있었던 것 같다.

강우규는 일본 천황에 대해서도 잠시 언급하였다. 그는 여기서 천황은 성덕을 갖추고 있기 때문에 천의에 순종하고 세계평화에 동의하는 인물이라고 말하고, 사이토가 이러한 천황의 칙명에 어긋나게 행동하고 있다고 비판하였다. 이러한 논리는 러일전쟁 이후 한국지식인 사회에서 풍미하였던 동양평화론의 대체적인 인식체계였던 것 같다. 대종교를 창시한 나철·안중근 의사 등의 동양평화론 역시 이와 궤를 같이한다고 보여진다. 당시의 이러한 논리는 일본 천황을 잘못

인식하고 있는 것이 아니라, 당시 지성계의 서술의 논리상 상대방을 설득시키기 위하여 한쪽을 높이면서 상대적으로 다른 한쪽을 낮추는, 즉 천황을 높이면서 사이토를 비판하고 있는 것이라고 보여진다. 다음의 부분이 이것을 잘 보여주는 예라고 할 수 있다.

대일본제국의 천황은 성덕(聖德) 갖추고 있기 때문에, 천의(天官)에 순종하고 세계 대세인 평화회의에 동의하여 신임 총독 재등실에게 칙명을 내렸다. 그 칙명 중에 동양대세를 영구히 보호하라는 성지(聖旨)를 보면 다음과 같다.

동양대세의 보호는 평화에 있으며 분쟁에 있는 것이 아님을 인식하고, 동양 삼국의 평화 성립을 설득하고 있음에도 불구하고, 재등실의 신임 총독은 헛된 욕망에 눈이 어두워 성지(聖旨)를 어겼다. 그리고 분쟁을 유일의 능사(能事)로 삼아 동양대세를 영원히 보호할 평화의 서광(曙光)을 무찌르고 말았다.

이 큰 죄를 어디다 비길까.! 따라서 하늘과 세계에 대해서는 죄인이요, 자국에 대해서는 역신(逆臣)이며, 조선에 대해서는 간적(奸賊)이요, 동양이 아마이다.

그런고로 이와 같은 악마를 살해하여 세상에 내돌려 동양의 증거물로 삼고, 존엄한 대일본제국에는 그와 같은 인류 악마를 다시는 생육(生育)하지 않게 시리, 그리고 그와 같은 이름이 붙은 존재는 되도록 태평양의 대해를 건너오지 못하도록 대책을 강구할지어다.

강우규는 앞서 설명한 논리대로 일본 천황은 동양 삼국

의 평화 성립을 설득하고 있음에도 불구하고, 사이토가 "헛된 욕망에 눈이 어두워 성지(聖旨)를 어겼다." 따라서 사이토는 "하늘과 세계에 대해서는 죄인이요, 자국에 대해서는 역신(逆臣)이며, 조선에 대해서는 간적(奸賊)이요, 동양의 악마이다"라고 규정하고 이러한 이유로 그를 살해하기 위하여 의거를 일으켰음을 분명히 밝히고 있다. 즉 강우규는 상고취지서에서 의열투쟁의 배경 즉 사이토 처단의 배경을 위와 같이 밝히고 하늘과 현실세계에 그의 행동의 정당성을 주장하였다.

▉ 최자남의 무관성 주장

강우규는 사이토 총독 암살의 정당성을 밝힌 이후부터는 개별적인 사항들에 대해 언급하였다. 그중 폭탄의 경우, 사이토 총독 한 사람을 살해하기 위한 것이 었음을 분명히 밝히고자 하였다. 이를 위해 강우규는 상고취지서에서 자신이 가지고 있던 폭탄의 위력을 짐작하지 못하였다고 주장하였다. 또한 러시아 변경으로부터 서울로 오는 도중에 폭탄을

타인에게 보이거나 이에 대해 서로 말을 주고받은 일이 전혀 없음을 분명히 하고자 하였다.

1. 폭발물을 어느 러시아인과 비밀리에 매매할 때, 피차 언어가 통하지 않으므로 그 자가 가리키는 손가락의 시늉을 보고 그 사용법을 알았고, 오직 개인을 목적으로 한 것뿐이므로 폭탄이라는 걸 전혀 모르고 구입했다. 그리하여 러시아 변경으로부터 서울로 오는 도중에 이 물품을 타인에게 보이거나 서로 말을 주고받은 사례는 한 건도 없다 이것은 심증의 사실로서 거짓일 수가 없다.

1. 각급 법원에서의 사실조사 때, 그대는 러시아 지방에 다년간 체재하고 있었다는데 왜 폭탄의 명칭과 그 위력을 모르냐의 질문이나 이 상품은 시장에 방매하는 것이기 때문에 그 가격이 얼마인가도 알 수 없다. 게다가 군인이 아니기 때문에 군물(軍物)인 폭탄의 형상과 위력을 어떻게 알겠느냐? 다만 유럽(歐洲) 전쟁 때 어느 신문을 보았더니 독일 군인이 비행기에 폭탄을 싣고 날아가 적국 도시에 투하하여 그 도시민을 살육하였을 뿐만 아니라, 영국 런던에서도 고층 건물의 상층을 파괴하고 야간은 전등을 끄고 등화관제(燈火管制)를 하고 있는 것이라고, 본인의 생각으로는 폭탄이란 것은 한낱 사기그릇이나 물항아리나, 아니면 커다란 호박 같은 것이라고 알고 있었는데, 이렇듯 쬐그마하고 어린애 주먹만한 것이기에 고작 한 사람쯤을 살해할 수 있을 것이라고 믿었던 것이다. 그러기 때문에 이 물품의 명칭이 폭탄이란 것도 남대문역에서의 이 사건이 있은 후, 매일신문 지상에서 보고 비로소 알게 된 것이다. 그러므로 남대문역에서 총독에게 폭탄을 던질 때까지 개인을

상고취지서에서 이러한 그의 주장은 폭탄과 관계된 주변 인물, 특히 최자남을 보호하기 위한 의도였다. 실제로 강우규는 상고취지서에서 자신의 의거로 징역 3년을 언도받은 최자남의 무관성을 지속적으로 주장하였다. 즉 그는 상고취지서에서 이전에 최자남이 한 진술은 고문에 의한 임시 연명책이었을 뿐이라고 하며, 자신은 최자남에게 폭탄을 맡긴 적인 없다고 분명하게 밝혔다. 그는 "최자남은 원래 무학무식한 자로서 잡화, 짚신 장사에 불과한데 어떻게 이와 같은 모험 비밀을 경솔히 그에게 털어놓겠는가?"라며 최자남은 자신의 의거에 절대 관련될 수 없는 자임을 주장하였다.

이미 살펴본 것처럼 강우규가 복심법원과 고등법원에 상고를 한 이유는 오로지 동지들을 구명하기 위해서였다. 따라서 강우규가 상고취지서에서 최자남의 무관성을 주장한 것은 그의 형량을 줄여주기 위한 강우규의 배려에 따른 것이었다고 보아야 한다. 모든 것을 혼자서 짊어지고 가려했던 강우규의 살신성인적인 모습을 잘 보여주는 것으로 동지들에 대한 그의 배려와 정성을 살펴볼 수 있게 하는 부분이다.

1. 함경남도 원산부 광석동 1번지 최자남의 집에 투숙 중, 야반(夜半)주인 최자남을 일깨워, 이번 나의 소행은 독립운동을 위한 것일 뿐만 아니라 신임 총독을 살해하기 위한 것이다 하면서, 가지고 온 폭탄을 최자남에게 소상히 보여준 뒤 그에 대해 여러 가지 사실을 덧붙여 이 폭탄을 최에게 맡겼다는 것은 사실 무근(無根)이다. 본인이 동품(同品)에 대해서 모르고 있으면서 어떻게 그 명칭이나 위력을 남에게 설명할 수가 있겠는가? 최자남은 원래 무학무식한 자로서 잡화, 짚신 장사에 불과한데 어떻게 이와 같은 모험 비밀을 경솔히 그에게 털어놓겠는가? 여기에 대해서는 그 누구나 사상이 있는 자라면 이와 같은 경솔한 짓은 하지 않을 것쯤은 다 아는 터이다 사실인 즉 본인이 그 집에 투숙한 때도 그 집 비밀장소에 이것을 숨겨두고 이 집을 떠날 경우에는 의복 속에 깊이 감추어 풀어볼 수 없도록 만들어 주인에 맡겨 숨겨두게 하였다.

본 피고가 상경(上京)하여 신임 총독의 내임(來任)의 날짜를 소상히 알은 뒤 최자남에게 맡겼던 옷가지를 찾아 상경한 것도 거짓 아닌 사실이다. 그런데 동범인(同犯人) 최자남이 형장(刑杖)을 이겨내지 못하고 횡설수설하여 허황한 무고(誣告)를 중얼거린 것도 그가 말하기로는 잠깐 동안의 보명책(保命策)으로 한 것이며, 실은 강우규의 독립운동의 설(設) 또는 폭탄물에 대해서도 전혀 들은 바 없고, 다만 의복으로 싼 보(褓)를 맡았을 뿐이었고, 이것조차 강우규가 경성에서 돌아오자 이내 돌려주었을 따름이다. 그 밖에 강에게 조석 식사를 제공한 죄밖에는 없으므로 소인(小人)의 죄에 대해 재판장은 관대한 처분이 있기를 바란다고 변명하는 것을 늘었다. 최자남이 폭탄을 맡을 때 이것을 견문(見聞)한 뒤에 맡은 것이 아니다.

■ 공의(公議)에 따른 심판요구

강우규는 상고취지서에서 자신은 신임 총독만 살해하려한 것이지, 그 밖의 다른 사람에게 해를 입힐 생각은 전혀 없었다는 것을 분명히 밝히고 있다. 오히려 그는 신임 총독 사이토가 신문지상에서 언급한 바, 즉 "남대문역에서 발생한 사상자는 그 대다수가 우리 때문에 이와 같이 되었노라고 말한 바"와 같이 그 밖의 희생자가 발생한 것은 자신보다는 총독 때문에 생긴 일이라고 주장하였다.

1. 신임 총독 재등실의 착임(着任) 당일, 본 피고인이 투척한 폭탄은 실은 신임 총독을 살해하려는 것이였지 그 밖의 다른 사람을 살해하려는 것이 아니었다. 따라서 곁 사람의 사상(死傷)은 이것을 비유한다면, 총독 재등실의 연회(宴會)에 본인이 호주(好酒)를 한 병 선물했더니 자기는 이것을 마시지 않고, 참석인에게 마시게 하여 취한 나머지 그자에게 누구의 술을 마셨느냐 하고 묻자, 그 자 왈(日), 총독의 술을 마셨노라고. 이 비유와 같이 곁사람의 사상이 본 피고인에게 무슨 관계가 있단 말인가? 그것뿐만아니라, 본 건에 대해 총독 재등실은 그의 부인과 함께 남대문역에서 발생한 사상자는 그 대다수가 우리 때문에 이와 같이 되었노라고 말한 바 있다. 여기서 해결책은 명확한 것으로서 신문지상에까지 게재된 것이다.

한편 강우규는 자신은 줄곧 목적한 바를 거짓 없이 분명히 밝히고 있는데도 자신의 목소리는 경청하지 않고, 최자남을 고문하고 얻은 증언을 토대로 1, 2심 재판이 진행되었다는 점 또한 상고취지서를 통해 비판하고 있다. 그는 "죄 많은 총독 재등실은 지금도 생존하고 있음에도 만사를 제처 놓고 본 피고인을 사형에 처하는 것, 이것을 공의(公議)라고 할 수 있겠는가?"라고 반문하면서 공의에 따라 심판을 추진할 것을 요구하였다. 강우규는 상고취지서에서 이러한 주장을 함으로써 진정한 죄인은 바로 사이토 총독임을 다시 한 번 강조했다.

1. (중략) 피고인은 일구이언(一口二言)한 적이 없고, 사사건건 그 변명하는 바가 동일한데도 각급 법원은 조서 중의 사실은 성찰치 않고 황언무고임이 분명한 최자남의 가언(假言)을 증거로 논고하였을 뿐만 아니라, 율법(律法)에 관해서도 죄명은 하나인테도 형(刑)은 여러 종목으로 나누고 있다. 죄의 경중(輕重)에 대해서도 말할 것 없고, 본 피고인이 목적한 바 죄 많은 총독 재등실은 지금도 생존하고 있음에도 만사를 제처 놓고 본 피고인을 사형에 처하는 것, 이것을 공의라고 할 수 있겠는가? 이 어찌 억울한 처사가 아니겠는가? 본인이 이와 같이 신립(申立)하는 것은 사실상 죽어야만 한다면 죽음을 사양하는 것이 아니고, 다만 공의에 따른 심판을 보고 싶어서 그러노라는 데 있다.

■ 1, 2심 법원의 처사에 대한 비판

▣ 재판의 부당성 주장

강우규는 자신이 사이토 총독을 살해하고자 한 것은 그가 죄인이기 때문이라고 말하며 죄인인 사이토를 재판장에 세울 것을 요구하였으나 이러한 요구는 받아들여지지 않았다. 그는 상고취지서에서 재판의 이와 같은 부당성에 대해 비판하였는데, 먼저 재판장의 처사에 대해 "재판장은 총독에게 무슨 범죄가 있느냐고 묻기에 본인이 총독의 죄상을 여러 가지 신립하겠노라고 말하였으나, 법관이란 피고의 신립에 대해 시비를 판정해야 함에도 불구하고 아무런 대답도 없었다"라고 지적하였다. 이어서 그는 그 후 자리를 떠난 법관의 행동에 대해서도 "폐정퇴석(閉廷退席)한 것은 법관의 예의라 할 수 있겠는가"라고 반문하였다.

강우규는 자신의 요구를 불청(不廳)에 부쳐버린 재판장에게 보다 구체적으로 "재판장은 하늘과 천황폐하는 우리의 법률에 대해서는 아무런 관계가 없다, 법률은 독립적인 것이라 하지만 같은 우로(雨露)를 받들고 같은 성덕(聖德) 아래 있는 백성이 어찌하여 이렇듯 달라야 하는가? 이것을 도덕이니 의리라고 할 수는 없다"고 하며, 재판의 부당성에 대해 "억울한 일이다"라고 주장하였다.

제1심 법원에서 조사를 끝낸 뒤, 재판장에게 이 법원은 조선총독부의 명령에 의해 설립된 것이냐, 또는 대일본제국 천황폐하의 칙령에 따라 설립된 것인가를 알고 싶다는 물음에 대해 재판장은 총독도 관계없고 천황폐하도 관계없다고. 본인은 그렇다면 하늘이 명하는 법률에 따르는 것인가 하고 묻자, 재판장은 하늘도 우리 세계와는 관계없고 우리 법률은 독립하여 성립된 것이다. 그러므로 총독 또는 황족(皇族)이라 할지라도 죄가 있으면 이의 제재를 받아야 한다는 것이므로 그렇다면 총독 재등실을 호출(呼出)하라고 하자, 재판장 왈(日), 이것은 검사국(檢事局)의 소고(訴告)가 없이는 곤란하다 하기에 본인은 구두(口頭)로써 검사에게 소고하여 조서 기록에까지 기재하여 열석(列席)했던 검사에게 신립했던 것이다.

그러자 재판장은 총독에게 무슨 범죄가 있느냐고 묻기에 본인이 총독의 죄상(罪狀)을 여러 가지 신립하겠노라고 말하였으나, 법관이란 피고의 신립에 대해 시비를 판정해야 함에도 불구하고 아무런 대답도 없었다. 그리고는 폐정퇴석(閉廷退席)한 것은 법관의 예의라 할 수 있겠는가? 실로 억울한 일이다.

또 재판장은 천황폐하 또는 총독에게 관계없이 황족 또는 총독에게 죄가 있으면 물론 단죄한다고 말한 것과 본인이 호출을 청구한 데 대해서는 불청(不聽)에 부쳐버리는 것은 이것 언사부동(言事不同)이라 하지 않을 수 없다 이것뿐만 아니라, 재판장은 하늘과 천황폐하는 우리의 법률에 대해서는 아무런 관계가 없다, 법률은 독립적인 것이라 하지만 같은 우로(雨露)를 받들고 같은 성덕(聖德) 아래 있는 백성이 어찌하여 이렇듯 달라야 하는가? 이것을 도덕이니 의리라고 할 수는 없다. 이것이 즉 억울한 일이다.

■ "현 체제를 인정하라"는 재판장에 항의

강우규는 복심법원의 취조가 끝나고 논고가 있은 뒤, 재판장이 조선에 대해 "이미 망한 나라는 나라라 할 수 없으며 동시에 일본의 인민이기 때문에 일본국에 충성을 다해야 할 뿐"이라고 한 말에 대하여 "이것은 어린애한테나 할말이지 다 성장한 어른에게 그와 같은 말을 할 수 있는가"라고 비판하고 한국 독립운동의 정당성을 주장하였다.

그는 상고취지서에서 워싱턴, 나폴레옹, 비스마르크, 그리고 일본의 이등박문을 예로 들면서 그들이 '만일 그 나라를 위해 싸우지 않고 적국(敵國)에 복종했더라면 그 나라의 국민은 적국의 노예를 면치 못했을 것이고 그 국가가 오늘과 같은 세계의 일등국이 될 수 있었을 것인가. 그러기에 이들은 우리의 전감(前鑑)이 되지 않았는가!"라고 반문하였다. 그리고 그는 현 체제에 순응하라고 한 재판장에 대해 오히려 "국가의 흥망과 시세(時勢)의 변천은 고금의 상사(常事)이다. 아아, 저 복심 재판장은 일시적인 안전(眼前)의 사태에 눈이 어두워져 전사(前事) 후사(後事)와 그 나라를 위해 고심경영한 이등박문의 치업을 생각지도 않고, 자기 나라를 위해 힘을 다하려는 이 사람에게 이 같은 멸시와 천사(賤群)를 서슴지 않고 책망하는 것은 이 어찌 도덕 의리라고 할 수 있겠는가"라고 하였다. 즉 강우규는 상고취지서에서 이와 같이 이등박문이 일본을 위한 영웅임을 부각시켜 상대방으로 하여금 자신의 행동을 역지사지의 입장에서 분명히 인식할 것을 주장하였다.

1. 본 피고인에 대한 복심법원의 취조가 끝나고 논고가 있은 뒤 재판장은 우리라라는 어떠한 나라냐? 이미 망한 나라는 나라라 할 수 없으며 동시에 일본의 인민이기 때문에 일본국에 충성을 다해야 할 뿐이라고 하는 말도 이것은 어린애한테나 할말이지 다 성장한 어른에게 그와 같은 말을 할 수 있는가.
무릇 국가에 대해 일을 하는 이가 고금을 통해 왜 본인뿐이겠는가! 예를 들어 서양 국가에서 볼 수 있는 워싱턴, 나폴레옹, 비스마르크 같은 사람들이 있고, 동양국가에서도 국가를 위해 와신상담(臥薪嘗膽)한 예가 없지 않다. 이등박문 같은 자는 고의 소국(小國)을 위해 고심경영(苦心經營)하였다
재판장이 말하는 바와 같이 전기 몇 사람이 만일 그 나라를 위해 싸우지 않고 적국(敵國)에 복종했더라면 그 나라의 국민은 적국의

노예를 면치 못했을 것이고 그 국가가 오늘과 같은 세계의 일등국
이 될 수 있었을 것인가. 그러기에 이들은 우리의 전감(前鑑)이 되
지 않았는가!

이 뿐만 아니라, 국가의 흥망과 시세(時勢)의 변천은 고금의 상사
(常事)이다. 아아, 저 복심 재판장은 일시적인 안전(眼前)의 사태에
눈이 어두워져 전사(前事) 후사(後事) 와 그 나라를 위해 고심경영한
이등박문의 치업을 생각지도 않고, 자기 나라를 위해 힘을 다하려
는 이 사람에게 이 같은 멸시와 천사(賤辭)를 서슴지 않고 책망하는
것은 이 어찌 도덕 의리라고 할 수 있겠는가. 본인은 이런 소리를
듣자 슬픈 생각이 우러 나는가 하면 한편 또 가소로운 감이 없지
않다. 이것 역시 억울한 일이다.

■ 동양평화론을 주장

강우규가 상고취지서에서 마지막으로 주장한 것은 동양평
화론이었다. 구체적으로 그는 "거룩하다 동양이여, 사랑스런
동양이여! 그 대세를 영원히 보호할 황인종 중에서 집권하
는 자, 또는 그 인민들을 어찌 사랑하지 않을 것이며 또 보호
하지 않을 것이냐. 그런데 동양 대세를 영원히 보호하는 길
은 어디 있는가하면 말을 배우는 어린애까지도 분쟁에 있지

않고 평화에 있다고 말하리라. 만일 이렇다면 동양의 평화가 왜 급선무라 하지 않겠는가"라고 하여 동양 대세를 영원히 보호하기 위해서는 동양의 평화가 급선무임을 주장하였다.

그는 이 점을 일본 천황 또한 분명히 인식하고 훈시를 내렸지만, "무도덕, 무의리(無義理), 무윤(無倫), 무애(無愛)한 악마 재등실은 천의(天意)를 위배하고 성지(聖旨)를 거역하여 태평양을 건너 여전히 분쟁의 기틀을 마련"하여 조선 강산은 인민의 감옥으로 변해버렸다고 비판하였다. 그러므로 강우규는 바로 이 시기는 조선인들에게 "우리 동포 2천만은 한 사람 남김 없이 씨우더라도 국권 회복과 자유독립을 전취할 것을 혈심동맹(血心同盟)해야 할"때라고 인식하였다. 강우규 자신은 이에 따라 "자국과 우리 동포를 위해 국권회복과 자유독립과 동양의 평화를 위해 노력하고자 한다고" 자신의 입장을 분명히 밝히고 있다.

> 1. 거룩하다 동양이여, 사랑스런 동양이여! 그 대세를 영원히 보호할 황인종 중에서 집권하는 자, 또는 그 인민들을 어찌 사랑하지 않을 것이며 또 보호하지 않을 것이냐. 그런데 동양 대세를 영원히 보호하는 길은 어디 있는가 하면 말을 배우는 어린애까지도 분쟁에 있지 않고 평화에 있다고 말하리라. 만일 이렇다면 동양의 평화가 왜 급선무라 하지 않겠는가.

한번 눈을 뜨고 저 백인의 실태를 주목해 보라. 세계 최대의 전란을 막고 평화회의를 성립시킨 후 4대국이니 5대국이니 하는 것은 죄다 사라지고, 모모 3국이 동맹을 맺고 안연(安然)함을 볼 때, 그 내의(內意)는 반드시 지방적 관심과 인족(人族)의 관심에 있는 것이라고 할 수밖에 없다.

그렇기 때문에 대일본제국의 천황폐하는 이런 모든 일을 깨닫고 동양의 태세를 영원히 보호하여야 한다는 어지(御旨) 중에 동양평화를 포함시켜 훈시를 내린 것이다. 그런데 이 무도덕, 무의리(無義理), 무윤(無倫), 무애(無愛)한 악마 재등실은 천의(天慈)를 위배하고 성지(聖旨)를 거역하여 태평양을 건너 여전히 분쟁의 가틀을 마련함으로서, 이른바 경찰 법률은 조선 인민에게 그물을 던져 그 강산은 인민의 감옥으로 화해버렸다. 이런 가운데 처해 있는 그 누구가 원통하게 생각하지 않을 것이며, 그 누구가 악감정을 품지 않겠는가? 그렇기 때문에 애국성의(愛國誠意)와 배일열(排日熱)은 나날이 고조되어 얼마나 그 극에 달한 것일까!

어느 여인의 말에, 일본놈의 말을 들으면 뱃속에 있는 태아까지 요동한다고. 이 말은 인민들 중에서는 이미 절언(絕言)이겠지만, 원래 당당한 4천래의 역사를 지닌 국가는 예의를 지키고 온 2천만 동포가 악마와 같은 그의 무리에 얼려 같은 동류가 되어서 살겠는가. 우리 동포 2천만은 한 사람 남김없이 싸우더라도 국권 회복과 자유독립 율 전취할 것을 혈심동맹(血心同盟)해야 할 이때, 본인도 투표자가 되어 또 동양의 원국(遠國)인 종국에 대해 말하더라도 각 신문지상에서 항상 보는 바와 같이 배자(排字)라 하면 일자(日字)뿐인 것이다. 그러니 어찌 일본을 배척함이 심상한 일이라 아니할 수 있겠는가. 무릇 동양의 3국이라 하면 다른 나라 아닌 한 집안 한 형제라 할 수 있다. 만일 한 나라의 분쟁이 발생하면 그 나라는 어떻게 설 수 있을 것이며, 한 집안에 분쟁이 생길진대 어떻게 그 집안이 지탱해갈 것인가? 어느 누구는 예수 성인(聖人)의 말을 빌어 이에 비유하고, 혹은 형제가 서로 사이좋게 지내지 않으면 반드시 외모(外侮)를 받게 된다고 중국 성인의 말을 빌어 비유한다. 그런데 왜 오늘날에 있어서 동양평화에 유의(留意)하지 않을 수가 있겠는가? 아는 바와 같이 동양 3국 중 일본은 세계의 대국으로서 일등국이다. 동양의 신문명 선진국으로서 그 지위가 어떠냐 말이다

원컨대 고등법원장이여! 고등법원장이여! 동양 대세의 장래와 장래의 이해(利害)를 심사(深思)하고, 저 우매한 신 총독 재등실이 이미 자기에게 주어진 영광에 만족하여 신속히 자국으로 돌아가 성지(聖旨)를 받들고 정부 당사자들께 동양 분쟁의 씨를 거두어 평화회의를 성립 시켜야 한다. 고리하여 동양 3국을 정립케 하여 견고히 자립한 후 완전한 정책과 완전한 사업을 일으킨다면 그 누구가 이를 감히 멸시하며 그 어찌 이것을 방어할 수 있겠는가? 과연 이와 같이 되는 날에는 대일본은 3국 중 패국(覇國)이라고 할 수 있을 것이다. 그때의 그 영광은 어떤 것이며 그 지위는 어떻겠는가!

원컨대 오늘 내가 하는 이 말을 저버리지 말고 농양 대세의 앞날을 위해 후회 없도록 할지어다. 본인은 자국과 우리 동포를 위해 국권회복과 자유독립과 동양의 평화를 위해 노력하고자 한다고 하는 데 있으나, 소론(所論)과 같이 제1심에 총독 호출(呼出)의 신립(申立)을 허용치 않고, 또 원심 재판장의 소론과 같이 설유(說諭)를 했다 하더라도 본건 판결에 아무런 위법을 야기한 것이 아니다.

동시에 원판결의 당부(當否)에 아무런 영향을 끼치지 않았다면 이 것을 운위(云謂)할 이유가 없고, 그 밖의 논지 중 거듭 진변(陳辯)한 바 있으나 그것은 오로지 정치 도덕에 관한 논의로서 추호도 상고 적법(上告適法)의 이유를 삼기에 족한 것이 없다.

정리하자면, 상고취지서에서 강우규는 자신의 의열투쟁의 목적과 의미 그리고 정당성을 사이토의 잘못과 동양평화의 중요성을 들어 언급하였다. 아울러 그동안 받아 왔던 재판의 부당성에 대하여 논급하고, 자신에게 도움을 준 최자남이 무관하다는 것을 강조하였다. 따라서 강우규의 상고취지서는 그의 동양평화론과 독립사상, 그리고 그의 성품 등에 대해 살펴볼 수 있게 하는 글로써 중요한 의의가 있다고 할 수 있다.

제8장

강우규를 의거로 이끈 힘
- 청년 교육, 독립사상, 동양평화론

　강우규의 의거는 그가 믿었던 성경에 나오는 다윗과 골리앗의 싸움과 같았다. 거인 골리앗 앞에 선 작은 다윗처럼 당시 일본의 거물이었던 사이토 총독을 향해 폭탄을 투척한 65세의 작은 노인 강우규. 이같이 표면적으로는 대결이 되지 않을 듯 보이는, 어찌 보면 무모한 이 싸움으로 그를 이끈 것은 과연 무엇이었을까?

　이번 장에서는 바로 그를 이끈 힘, 즉 그가 가지고 있던 생각에 대해 살펴보고자 한다. 구체적으로 그가 늘 강조하며 중시했던 청년교육과 독립사상, 그리고 동양평화론으로 나누어 각각에 대한 강우규의 생각과 신념을 살펴보겠다.

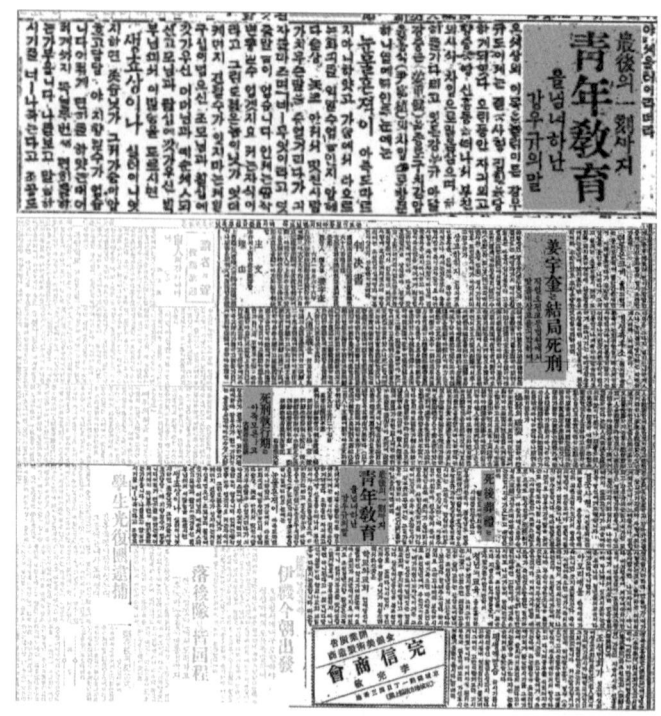

『동아일보』(1920년 5월 28일자)

강우규는 일생 동안 학교교육의 중요성을 강조하였다. 이
는 여러 자료를 통해 확인할 수 있다.

『동아일보』 1920년 5월 4일자

친자간의 천정
—죽엄의 칼날을 밟고 선 어버이, 원한의 핏덩이가 끓는 아들
원래 의술을 잘 아시니까. 일 년에도 수천 원을 버시지만은 그 돈
을 한 푼도 내게 주시지 아니하고 전부 학교에 기부하시면서, "너
는 너대로 살아라, 나는 나 할 일이 있으니까" 하십니다.

앞서도 살펴본 바 있지만, 강우규는 자신이 평생 고생하며
모은 돈을 자식에게는 주지 않고 전부 학교에 기부하였다.
그는 자기 자식들의 편안한 삶보다도 조국의 청년들을 교육
시키는 것이 우선이라고 생각하였던 것이다. 청년교육에 대
한 강우규의 이 같은 신념은 그가 감옥에 있을 당시 면회를
온 아들 강중건에게 한 다음과 같은 유언을 통해서도 확인
할 수 있다.

『동아일보』 1920년 5월 28일자

최후의 일각까지 청년교육을 염려하던 강우규의 말
너—나 죽는다고 조금도 어찌 알지 마라. 만일 네가 내가 사형받
는 것을 싫어하는 어리석은 사람이면 나의 자식이 아니다. 내가
평생에 세상에 대하여 너무 한 일이 없음이 오히려 부끄럽다. 내
가 이때까지 우리민족을 위하여 자나 깨나 잊지 못하는 것은 우리
나라 청년들의 교육이다. 내가 돌아다니면서 아무리 애를 쓴대야
내가 죽느니만 같지 못할 것 같다. 즉 내가 이번에 죽으면 내가 살

아서 돌아다니면서 가르치는 것보다 나 죽는 것이 조선청년의 가슴에 적게나마 무슨 이상한 느낌을 줄 것 같으면 그 느낌이 무엇보다도 귀중한 것이다. 이제 내가 이 만큼 애쓰다가 죽는 것은 당연한 일이 아니냐. 조선 청년의 가슴에 인상만 배긴다면 그만이다. 내가 죽을지라도 나의 가슴에 한 되는 것은 나 죽은 후에 조선청년들의 교육이다. 지금은 조선사람 가운데 매우 사람 같은 사람이 많아서 청년의 교육을 소홀히 하지 아니 하겠지만은 그저 그래도 눈을 감고 앉았으면 쾌활하고 용감히 살려고 하는 십삼도에 널려 있는 조선 청년들이 보고 싶다. 아! 보고 싶다. 일러주고 싶다.

위의 인용문은 강우규가 자신의 생의 마지막 순간까지도 자기 자신이 아닌, 조국 청년들의 교육을 진정으로 걱정하였음을 보여주는 것으로 청년 교육에 대한 그의 각별한 마음을 엿볼 수 있게 한다. "자나 깨나", 죽음 앞에서나 그리고 죽은 이후에도 그가 "잊지 못하는 것은 우리나라 청년들의 교육"이었던 것이다. 이처럼 강우규는 조국의 독립을 되찾기 위해서는 무엇보다도 청년들에 대한 교육이 필요하다고 인식하였다. 그는 이러한 자신의 생각에 따라 일찍부터 학교를 설립하기 위해 노력하였고 그 결과 함남 홍원 영덕리에 영명학교, 러시아지역 이만에 협성학교(協成學校), 요하현 신흥동에 광동학교, 믿가루시카에 학교가 세워졌다. 이처럼 그는 청년 교육에 대한 자신의 신념에 따라 일평생 곳곳에 민족학교를

설립하여 민족의식 고취에 크게 기여하였다.[*]

강우규는 청년들을 위해 살아생전에 자신의 전 재산을 바쳐 각 지역에 학교를 세운 것도 모자라 그들을 위해 기꺼이 자신의 목숨을 바치기로 한 것이다. 즉 그는 "내가 이번에 죽으면 내가 살아서 돌아다니면서 가르치는 것보다 나 죽는 것이 조선청년의 가슴에 적게나마 무슨 이상한 느낌을 줄 것 같으면 그 느낌이 무엇보다도 귀중한 것이다"라며 자신의 죽음을 통해 청년들의 마음에 강한 감동을 심어주고자 하였다. 강우규에게 청년들에 대한 교육은 자신의 죽음이 "조선 청년의 가슴에 인상만 배긴다면 그만"일 정도로 귀중했다.

그러면서도 강우규는 끝까지, "내가 죽을지라도 나의 가슴에 한 되는 것은 나 죽은 후에 조선청년들의 교육이다"라며 자신이 죽은 이후의 조선청년들의 교육까지 걱정하였다. 이에 강우규는 아들 강중건에게 위와 같은 유언을 하며 이러한 자신의 마음을 13도에 있는 각 학교와 교회에 전해줄 것을 간곡히 부탁하였다. 이처럼 그는 조선청년들에 대한 교육을 조국을 되찾을 수 있는 첩경이라고 인식하고 살아생전에는 물론 자신의 죽음 이후까지 걱정하였다. 실제로 강우규는 아들 강중건에게 당시 어린 아이였던 손녀 강영재를 끝까지 공

[*] 「동아일보」 1920년 5월 27일자 ; 「조선일보」 1920년 5월 20일자.

부시키라는 유언을 남겼고, 그 유언에 따라 그녀는 이화여고 를 졸업하였다.

이러한 강우규의 청년 교육을 통한 독립사상은 구한말부 터 이어져 내려온 애국계몽운동의 일단을 계승한 것이라고 볼 수 있다. 그리고 독립에 대한 열망에서 비롯된 청년교육 에 대한 강우규의 강한 의지가 그를 사이토라는 골리앗 앞으 로 이끈 하나의 요인이 되었다고 할 수 있겠다.

▮ 기독교에 바탕한 독립사상

강우규는 시종일관 다음과 같이 독립사상을 견지하였다.

일본은 불의와 광폭한 폭력으로 우리나라를 합병하여 잔혹한 식민 지 통치를 자행함으로 세계 인도가 용납하지 않는다. 나는 대한의 국민인데 어찌 너희 일본에 굴복하여 너희들의 신복이 되겠는가. 그래서 해외에 망명하면서 우리 민족을 위한 종교와 교육에 종사 하여 마음을 계발하고, 인재를 양성하여 조국을 광복할 계획을 세 워 죽을 때까지 계속하기로 한 것이다.

일본은 한국을 통치할 능력과 자격이 없다. 더욱이 우리 한인을

「동아일보」(1920년 5월 28일자)

말살하여 일본인을 만들려는 "동화"란 것은 어리석은 꿈같은 수작인 것이다. 장곡천 총독도 어려움을 깨닫고 물러났다. 재등은 세계 대세인 민족자결주의와 인도정의를 종지로 하는 평화회의의 기도를 교란하게 하고 한국인 2,000만을 궁지에 빠지게 하여 동양의 대세에 배치하고, 평화의 서광을 억제한 자이다. 그러므로 나는 2,000만을 대표하여 신명을 바쳐 국권회복과 독립을 위하여 재등에 대하여 폭탄을 던진 것이다.*

강우규는 이러한 독립사상에 따라 "해외에 망명하면서 우리 민족을 위한 종교와 교육에 종사히어 마음을 계발하고, 인재를 양성하여 조국을 광복할 계획"을 세웠다. 그런데 여기서 한 가지 주목하고자 하는 것은 "우리 민족을 위한 종교"라는 부분이다. 강우규는 독실한 장로교 기독교 신자였

* 윤병석, 「강우규의사의 생애와 의거」, 『강우규 의거 90주년 학술세미나』, 강우규의사 기념사업회·동아일보사, 2009, p.9.

다.* 이 점은 1920년 2월 14일에 있었던 경성지방법원 제1회 공판 당시 강우규 자신이 15년 동안 기독교 장로교를 신앙하고 있다고 한 발언을 통해 분명히 알 수 있다.** 또한 강우규의 사형이 확정된 당시의 강우규의 동정을 보도한 다음의 신문기사를 통해서도 확인할 수 있다.

『동아일보』 1920년 5월 28일자

사형집행 기일은 아직 모른다고
−대야간수장담
1920년 5월 27일 강우규는 사형이 확정되었다. 이에 현재 강우규가 갇혀 있는 종로 구치감 대야간수장(大野看守長)은 강우규가 사형 집행이 한 달 후에 있을 것이라는 말을 듣더라도 꼼작도 안 할 사람이올시다. 그 사람은 독실한 크리스찬으로 요새도 항상 성경 읽기로 일을 삼고 아침저녁으로 무슨 묵도가 있으며 아무 근심하는 빛이 없이 지낸다고 대답하였다.***

이러한 사실 때문에 강우규의 독립사상을 이해하기 위해서는 그의 기독교사상을 이해하는 것이 중요하다고 생각된다. 그러나 아쉽게도 그의 기독교사상을 이해할 수 있는 단초는 별로 발견되지 않는다. 하지만 이러한 점을 감안하더라

---

* 『독립운동사자료집』 11, p.596.
** 『매일신보』 1920년 2월 15일자, 「제1회 개정 폭탄범인 공판」.
*** 『동아일보』 1920년 5월 28일자.

도 그의 기독교사상은 민족주의적 성격을 지니고 있으며 평화를 그 바탕에 깔고 있었을 것으로 추정해 볼 수 있다. 강우규의 독립사상이 기독교사상과 연결되었을 것이라는 점은 다음의 사실들이 뒷받침해주고 있다.

강우규는 요하현에서 사립 광동학교를 설립하고 몸소 그 학교의 교장이 되어 조선인 자제들의 교육에 전념하였을 때에 그와 동시에 기독교 교육과 전도에 힘썼다.* 또한 강우규가 최자남의 집에서 약 1년 동안 머물렀을 때에도 그는 한편으로는 기독교를 전도하고 다른 한편으로는 학생들을 가르칠 학교를 설립할 기부금을 청구하러 다녔다.** 그리고 그는 유언에서 조선 청년들의 교육을 강조하면서 조선 청년들이 향할 곳은 기독교이니 먼저 기독교를 믿고 심령을 맑게 한 후에 공부를 해야 한다고 주장하였다.*** 즉, 그는 청년교육을 강조하면서도 기독교적인 청년의 양성을 주장하였던 것이다.

강우규는 이러한 자신의 신념에 따라 구한말부터 교회 설립에 적극적으로 나섰다. 그리하여 그는 함경남도 홍원군,

* 『독립운동사자료집』 11, p.80.
** 『동아일보』 1920년 4월 15일자.
*** 『동아일보』 1920년 5월 28일자.

블라디보스토크, 북간도 두도구에 교회를 설립하였다.* 강우규가 이와 같이 곳곳에 교회를 설립한 사실은 그가 기독교사상을 통해, 즉 교회 설립을 통해 민족운동을 전개하고자 하였다는 것을 짐작케 한다.

한편 기독교 신자였던 강우규의 의거에 참여한 동지들 가운데에는 신앙을 함께 한 인사들이 있었다. 대표적인 예가 강우규 의거의 든든한 후원자였던 최자남이다. 그는 강우규를 원산의 자신의 집에 머물게 하였을 뿐만 아니라 폭탄을 보관하여 주고 블라디보스토크에 가서 노인단과 접촉하는 등 그의 의거가 가능하도록 적극 도왔던 인물로 또 다른 조력자들인 한홍근·허형 등을 소개하는 역할을 하였다.** 다음으로 강우규가 원산과 서울에서 활동할 당시 접촉한 인물로 알려진 박정찬(朴貞燦) 목사가 있다. 그는 의거가 있기 전 원산 장로교회당과 경성부 관철동 신행여관에서 강우규와 은밀히 만나 무엇인가 협의를 했다는 혐의를 받았다.*** 기독교라는 공통점이 그들이 강우규의 의거에 동참하는 데 일정 부분 영향을 주었으리라 짐작해 볼 수 있다.

이와 같이 그의 독립투쟁에 있어 기독교는 일평생 연결되

* 『효선일보』1920년 5월 20일자 ; 『동아일보』1920년 5월 28일자.
** 『독립운동사자료집』11, p.599.
*** 『독립운동사자료집』11, p.83.

었다고 할 수 있는 데, 강우규가 마지막 순간을 앞두고 남긴 유언 또한 예외가 되지 않았다. 즉 그는 아들에게 청년에 대한 교육을 강조한 유언을 하면서 그것을 학교뿐 아니라 교회에도 통지해 달라고 하였다.* 이처럼 독립을 위한 그의 민족운동은 평화를 중시하는 기독교에 바탕을 두고 이루어졌다고 볼 수 있다. 독립을 꿈꾸며 달린 강우규의 생애는 교육과 종교를 통하여 민족운동을 전개한 삶이었다.

■ 동양평화론으로 평화론을 주창

강우규의 동양평화사상은 재판과정 등 여러 곳에서 살펴볼 수 있다.

『동아일보』 1920년 4월 16일자

강의(剛義)한 최후의 일언
– 강우규의 목적은 총독을 살해, 동양평화를 위하여 몸을 바침
신문이 끝나고 섬사의 논고가 있은 후 변호사의 변호가 끝나매 판

* 『동아일보』 1920년 5월 28일자.

剛毅한 最後의 一言

『동아일보』(1920년 5월 28일자)

사는 강우규와 최자남을 향하여 다시는 더 할 말이 없느냐 한즉,
강우규가 일어나며 위엄스러운 여덟 팔자 수염을 쓰다듬으며 내가
좀 할 말이 있소. 먼저 나는 일본 천황 폐하의 성덕을 좀 말하고자
하오. 작년 6월에 세계가 평화된 이후에 나는 신문에서 이러한 말
을 읽어보았소. 일본 천황께서는 세계평화와 같이 일반신민은 인
도와 정의로써 모든 일에 대하여 더구나 동양평화를 유지하기 위
하여는 어디까지든지 노력하라 하신 칙명을 읽어본 후 나는 일본
천황폐하의 성덕에 감명하였소. 그러나 재등이는 저의 나라의 황
명을 거역한 역적이요, 동양 평화를 깨뜨리는 사람이며, 인도주의
를 무시하는 사람이므로 나는 죽이려 한 것이요. 그러나 나는 결
코 달아나려고 해서 수염을 깎고 숨은 것이 아니라 남대문에서 죽
지 못한 것이 크게 분하여 어떻게 해서든지 재등이를 죽이고자 하

여 그리한 것이요. 그리고 내가 공소를 다시 한 것은 결코 사형을 면하고자 하여 그리한 것이 아니라 최자님을 변명하기 위하여 그리한 것이오. 그리고 검사의 말에 나를 신문에서 '매명한'이라고 하나 나는 죽어도 매명한은 아니오. 인도 정의와 동양평화와 조국을 위하여 한 몸을 바친 자요.

강우규는 1920년 4월 법정에서 한 최후진술에서 위와 같이 총독을 살해하고자 한 목적이 동양평화를 위한 것이었음을 분명히 밝혔다. 즉 그는 일본 천황도 "일반신민은 인도와 정의로써 모든 일에 대하여 더구나 동양평화를 유지하기 위하여는 어디까지든지 노력하라"고 하였는데, 사이토가 이러한 "저의 나라의 황명을 거역한 역적이요, 동양평화를 깨뜨리는 사람"이었기 때문에 자신이 "인도 정의와 동양평화와 조국을 위하여 한 몸을 바친" 것이라고 자신의 행동의 정당성을 피력하였다. 그의 이러한 주장은 사형이 결정된순간까지도 이어졌다.

「동아일보」 1920년 4월 27일자
강우규 또 사형에, 26일 복심법원에서 판결, 폭발물취체규칙 위반으로 사형, 최자남은 싱역 3년, 공소기각
강우규는 굳이 자기 할 말을 하고자 하였으나, 여러 간수의 제지로 말하지 못하고 끌려나가며, 얼굴에 분개한 빛을 띠우며, 내가

하고자 하는 말은 결코 내가 구구히 나의 생명을 위하여 하려는 것이 아니라, 동양 3국의 원대한 자래를 말하고자 하는 것이다. 재판장이여, 나는 이미 죽기로 작정된 사람이니, 아무쪼록 당신네들은 널리 동양 전체라는 것을 위하여 대의를 그르치지 말라고 소리를 지르며, 마차를 타고 유유히 떠나가 버렸는데, 방청석에는 전과 같이 강우규의 아들 강중건과 최자남의 젊은 처도 있었으며, 두어 명의 젊은 부인은 "죽을 사람을 그렇게 말도 못하게 할 것이 무엇이냐" 하고.

강우규는 자신의 죽음이 확정된 순간에도 자신의 생명을 구하기 위해 소리 높이기보다 동양 3국의 장래를 위해 목청을 높였다. 즉 그는 "내가 하고자 하는 말은 결코 내가 구구히 나의 생명을 위하여 하려는 것이 아니라, 동양 3국의 원대한 장래를 말하고자 하는 것이다. 재판장이여, 나는 이미 죽기로 작정된 사람이니, 아무쪼록 당신네들은 널리 동양 전체라는 것을 위하여 대의를 그르치지 말라"며 끝까지 강력하게 동양 평화의 중요성을 주장하다.

동양평화에 대한 강우규의 이러한 생각은 그가 직접 작성한 상고취지서에 보다 구체적으로 나타나 있다. 그러나 상고취지서에 대한 분석은 앞서 자세히 다룬 바 있으므로 이번 절에서는 주요 부분만 간추려 살펴보겠다.

1. 신 총독 재등실은 (중략) 세계의 대세인 민족자결주의와 인도정리로써 성립한 평화회의를 교란하고 이웃을 사랑하라는 하늘의 계명(誡命)을 범하여 조선인민 2천 만을 궁지에 몰아넣고 (중략) 분쟁을 유일의 능사(能事)로 삼아 동양 대세를 영원히 보호할 평화의 서광(曙光)을 무찌르고 말았다.
이 큰 죄를 어디다 비길까! 따라서 하늘과 세계에 대해서는 죄인이요, 자국에 대해서는 역신(逆臣)이며, 조선에 대해서는 간적(奸賊)이요, 동양의 악마이다. 그런고로 이와 같은 악마를 살해하여 세상에 내돌려 동앙의 증거물로 삼고.

강우규는 사이토가 동양 대세를 영원히 보호할 평화와 서광을 무찌른 죄인이기 때문에 그를 살해하고자 하였음을 상고취지서에서도 분명히 밝히고 있다. 여기서 강우규는 사이토를 "하늘과 세계에 대해서는 죄인이요, 자국에 대해서는 역신이며, 조선에 대해서는 간적(奸賊)이요, 동양의 악마"라고 규정하였다.

1. 거룩하다 동양이여, 사랑스런 동양이여! 그 대세를 영원히 보호할 황인종 중에서 집권하는 자, 또는 그 인민들을 어찌 사랑하지 않을 것이며 또 보호하지 않을 것이냐. 그런데 동양 대세를 영원히 보호하는 길은 어디 있는가 하면 말을 배우는 어린애까지도 분쟁에 있지 않고 평화에 있다고 말하리라. 만일 이렇다면 동양의

평화가 왜 급선무라 하지 않겠는가. 한번 눈을 뜨고 저 백인의 실태를 주목해 보라. 세계 최대의 전란을 막고 평화회의를 성립시킨 후 4대국이니 5대국이니 하는 것은 죄다 사라지고, 모모 3국이 동맹을 맺고 안연(安然)함을 볼 때, 그 내의(內意)는 반드시 지방적 관심과 인족(人族)의 관심에 있는 것이라고 할 수밖에 없다.

강우규의 상고취지서에서는 조선 청년들에 대한 마음 못지않게 애틋한 동양에 대한 그의 마음을 느낄 수 있다. 즉 그에게는 거룩하고 사랑스런 동양이었기에 그 동양의 평화를 위협한 사이토를 용서할 수 없었던 것이다. 그는 서양의 위협, 즉 "저 백인의 실태를 주목해 보라. 세계 최대의 전란을 막고 평화회의를 성립시킨 후 4대국이니 5대국이니 하는 것은 죄다 사라지"는 것에 대처하고, 동양 대세를 영원히 보호하기 위해서는 동양 3국끼리 분쟁의 일으키지 말고 평화를 유지해야 함을 강조하였다. 그는 이러한 이유로 일본 천황 또한 동양평화를 강조하는 훈시를 내렸던 것인데, 사이토가 이 뜻을 위배하여 분쟁의 기틀을 마련해 조선을 인민의 감옥으로 만들어 버렸다고 비판하였다. 여기서 강우규는 사이토를 일본 천황의 뜻을 거역한 인물이라고 규정하기 위해 전략상 일본 천황에 대한 비판은 삼가고 있다.

무릇 동양의 3국이라 하면 다른 나라 아닌 한 집안 한 형제라 할 수 있다. 만일 한 나라의 분쟁이 발생하면 그 나라는 어떻게 설 수 있을 것이며, 한 집안에 분쟁이 생길진대 어떻게 그 집안이 지탱해갈 것인가? 어느 누구는 예수 성인(聖人)의 말을 빌어 이에 비유하고, 혹은 형제가 서로 사이좋게 지내지 않으면 반드시 외모(外侮)를 받게 된다고 중국 성인의 말을 빌어 비유한다. 그런데 왜 오늘날에 있어서 동양평화에 유의(留意)하지 않을 수가 있겠는가? 아는 바와 같이 동양 3국 중 일본은 세계의 대국으로서 일등국이다 동양의 신문명 선진국으로서 그 지위가 어떠냐 말이다.

원컨대 고등법원장이여! 고등법원장이여! 동양 대세의 장래와 장래의 이해(利害)를 심사(深思)하고, 저 우매한 신 총독 재등실이 이미 자기에게 주어진 영광에 만족하여 신속히 자국으로 돌아가 성지(聖旨)를 받들고 정부 당사자들께 동양 분쟁의 씨를 거두어 평화회의를 성립시켜야 한다. 그리하여 동양 3국을 정립케 하여 견고히 자립한 후 완전한 정책과 완전한 사업을 일으킨다면 고 누구가 이를 감히 멸시하며 그 어찌 이것을 방어할 수 있겠는가? 과연 이와 같이 되는 날에는 대일본은 3국 중 패국(霸國)이라고 할 수 있을 것이다. 그때의 그 영광은 어떤 것이며 그 지위는 어떻겠는가!

원컨대 오늘 내가 하는 이 말을 저버리지 말고 동양 대세의 앞날을 위해 후회 없도록 할지어다.

강우규는 자신의 의거의 정당성을 주장하기 위해 전략상 일본 천황에 대한 비판을 피했던 것과 같이 동양의 평화를 주장하기 위해 일본을 높이 치켜세웠다. 즉 "동양 3국 중 일본은 세계의 대국으로서 일등국이다. 동양의 신문명 선진국"
이라고 규정하였다. 그리고 강우규는 그렇기 때문에 일본이
동양 분쟁의 씨를 거두어 평화회의를 성립시켜야 하며, 동양
3국을 정립케 하여 견고히 자립하게 해야한다고 주장하였다.

　이상에서 확인한 바와 같이 강우규 의거는 동양 3국의 평
화를 위함이었다. 그는 자신을 죽이고자 하는 일본에게 마지
막까지도 동양 대세의 앞날을 위해 힘써 줄 것을 요청할 만
큼, 진정으로 동양의 평화를 지켜내고자 한 인물이었다.

강우규의사가 남기고 간 것들
– 순국 이후와 민족운동사적 의의

■ 강우규의 순국 이후

결국 강우규는 1920년 11월 29일 서대문형무소 교수대에서 향년 66세의 일기로 순국하였다. 강우규가 처형당하던 날 아침, 일제는 아들 강중건을 경찰서 유치장에 잡아 가두어 버렸다. 그리고 사형이 집행되고 강우규가 죽고 난 이후에야 그를 풀어주었다. 강중건은 일제에 의해 아버지의 마지막 순간도 지키지 못한 불효자가 되고 만 것이다. 석방된 강중건에게 일제는 강우규의 유해를 인계해 주었는데, 관 속에 있는 강우규의 모습은 아들 강중건의 가슴에 잊을 수 없는 평생의 한이 되고 만다. 즉 감옥 시체실에 간 강중건에게 일제가 내어준 4각형 궤짝 속에는 강우규의 시체가 앉은 재로 입관(入棺)되어 있었다. 이와 같은 입관 형태는 당시 일본인들의 행습으로 이를 본 강중건은 깜짝 놀라 그만 그 자리에서 기절하고 말았다고 한다.

강우규는 이와 같이 순국 이후에도 일제의 억압을 받았다. 즉 일제는 강우규의 빈소에 조객들이 오는 것을 금지하는 것은 물론, 진주 강씨 문중에서 그의 유해를 그 선영(先塋)에 모시고자 하였으나 그것조차 허락하지 않았다. 즉 일제는 감옥 공동묘지인 경기도 고양군 은평면 신사리 이외의 지역에는 그의 묘를 세우지 못하게 하였다.* 그래서 결국 강우규의 장례 행렬은 조객도 하나 없이 은평벌 위를 쓸쓸히 지나가게 되었다. 그러나 이때마저도 일제는 강우규를 편히 놓아주지 않았다. 끝까지 이를 감시하러 일경 2명이 뒤따랐다. 이에 더 이상 참을 수 없었던 아들 강중건은 뒤따라오던 일경들에게 돌을 던지며 "네놈들은 이미 죽은 사람까지도 감시하여야만 속이 시원하냐!"고 울부짖으며 비통해 하였다.

강중건은 이후 서울에 머물면서 강우규의 산소를 돌보고 3

---

* 1920년 10월 28일에 조선총독부 부령으로 만들어진 총독부관보 제465호 「형사자(刑死者)의 분묘, 제사, 초상 등의 취체에 관한 건」(부령 제60호)는 강우규의 사형과 관련이 있는 것 같다.

강우규 의사 국립묘지 안장식

년상을 마치고 나서야 북만주 요하현 신흥동 집으로 돌아왔
다. 그곳에서 강중건은 뒤늦게나마 아버지 강우규의 추도식
을 올렸다. 그간 일제의 감시로 이루어질 수 없었던 강우규
의 늦은 추도식은 인근 교포 유지, 독립운동자는 물론 제복
차림의 독립군 등 다수의 사람들이 참석한 가운데 진행되었
다. "남대문의 펀펀 폭발은 세계 이목의 꽃이로구나"는 이날
열린 강우규의 추도식에서 부른 추모 만가(輓歌)의 일절이다.

강우규의 묘는 8·15해방 이전까지는 신사리에 그대로 있다
기 1950년 봄, 유지들의 발기에 의하여 서울 우이동 초입 땅
에 옮겨 모셔지게 되었다. 이후 1956년 3·1절을 기하여 육당
최남선(崔南善)이 찬(撰)한 비명을 세웠다. 그 뒤 동작동에 국

립묘지가 설치되어 이에 따라 많은 전몰장병과 애국지사·열사들의 무덤이 그곳으로 옮겨 모셔지게 되었는데, 강우규의 묘 역시 1967년 6월 26일에 옮겨져 봉안되었다. 이때 개별적인 건비(建碑)는 못하게 되어 있던 국립 묘지의 규칙에 따라 아쉽지만 이전의 비명은 우이동 묘소였던 지역 땅 깊이에 묻고 말았다.*

이로써 강우규 의사는 죽음 이후까지 이어진 일제의 억압에서 벗어나 수많은 순국열사들과 함께 평안히 잠들 수 있게 되었다. 조국의 독립이 이루어지기 전까지는 그 영혼조차 자유로울 수 없었던 진정한 독립운동가 강우규, 이제는 그 가 독립된 조국에서 자유롭게 쉴 수 있길 바래본다.

---

* 『독립운동사』 7, pp.286~287.

강우규 의사 묘(국립서울현충원 소재)

강우규 의사 묘(1967년)

1919년 9월 2일 강우규 의거가 없었다면 우리는 독립을 선언했음에도 일본총독을 순순히 받아들이고만 치욕적인 역사의 한 페이지를 갖게 되었다. 이번 절에서는 60여 세의 노인이 우리 민족운동사에 미친 파장, 그 영향이 어떠한 것이었는지 살펴보겠다.

먼저 강우규는 당시 기고만장하던 일제에 강한 충격을 안겨주었다. 실제로 강우규의 폭탄 의거에 놀란 일제는 이와 관련한 사실을 대서특필하였다. 그 예로 조선총독부의 기관지였던 『매일신보』의 1919년 9월 4일자 1면은 의거현장 사진과 함께 강우규의 의거와 관련한 기사로 채워졌다.

이와 같이 당황한 일제는 신문기사를 이용하여 강우규의 의거가 조선민족에게 미칠 파장을 막아보려 애쓰기도 하였다. 즉, 『매일신보』 9월 5일자 사설 「폭탄사건에 취(就)하여」에서 일제는 이 사건의 배후에는 불측한 음모가 있다고 규정하고, 강우규가 조선을 물란시키는 범죄를 저지른 것이라고 규탄하였다. 또한 이 기사는 사이토 총독은 새로운 제도하에 새로운 정치를 펼치고자 온 것인데 폭탄투척이 있었다며, 일만 명의 흉도가 일만 개의 폭탄을 던진다고 하더라도 제국의 큰 방침은 변동시킬 수 없다고 강조하였다. 즉 일제는 언론을 통하여 강우규 의거를 강하게 비판함으로써 여론을 자신들의 편으로 이끌고자했다. 이러한 일제의 경향은 다음을 통해서도 확인할 수 있다.

조선총독부에서는 강우규의 사건과 관련하여 『매일신보』에 일본의 각 신문의 보도 내용을 인용함으로써 이 사건을 비판하는 여론을 조성하고자 하였다. 즉 『매일신보』 9월 8일자 「폭탄 사건과 여론⑴」에서는 『대판매일신문』에 실린 「선인(鮮人)을 위하여 가석(可惜)」을, 『국민신문』의 「흉도를 근절함이 필요」, 『만조보(萬朝報)』의 「비겁한 수단은 조선인의 상습(常習)」을 인용하여 실었고, 9월 9일자 「폭탄사건과 여론⑵」에서는 『동경조일신문』의 「동포를 비경(悲境)에 도(導)할뿐」을, 『대판조일신문』의 「일선공존(日鮮共存)의 대의를 고념(顧念)하라」 등의 기사를 전제하였다. 이들 제목에서 볼 수 있는 바와 같이 일제는 강우규 의거를 매도하고, 이 사건에 대한 비판과 더불어 그의 의거가 결국 조선에 좋지 않은 영향을 미칠 것이라고 경고하였다.

하지만 이러한 일제의 고군분투에도, 강우규 의거는 조선민중들에게 큰 영향을 미쳤다. 이는 강우규 의거에 대한 한국민의 동향을 조사한 일제의 다음과 같은 첩보보고를 통해서도 확인할 수 있다. 1919년 10월 21일 일제 측이 조사한 「폭탄범인 강우규에 대한 감상」(평안북도지사 보고)은 다음과 같다.

> 지난번 신문지상에 있어서 발표된 총독에 대한 폭탄투척 범인 강우규에 관하여 평안북도 철선군 지방에서의 유식 계급자 간에 범인 강우규는 그 경력에 있어서 털끝만큼도 비난할 만한 것이 없으

며, 더욱이 나이 60을 넘은 노구를 이끌고 멀리 블라디보스토크로부터 경성에 잠입하여 신 총독의 착임에 있어서 남대문역두에서 뇌력일성(雷靂一聲)의 폭탄을 투척하는 등 그 용맹은 장자(壯者)를 능가하며 오인 조선민족이 참으로 흔쾌하게 여기는 바 가령 극형에 처해져서 형장의 이슬로 사라질지라도 그 위훈(偉勳)은 조선민의 뇌리에 깊은 인상을 길이 비사상(秘史上)의 일미담(一美譚)으로서 전해지기에 이를 것이라고 이를 상장(上揚)함과 같은 언동을 하는 자가 있다.*

이와 같이 강우규는 조선 민중들의 가슴에 뜨거운 무언가를 남겨주었다. "극형에 처해져서 형장의 이슬로 사라질지라도 그 위훈(偉勳)은 조선민의 뇌리에 깊은 인상을 길이 비사상(秘史上)의 일미담(一美譚)으로서 전해지기에 이를 것"이라는 일제 측의 보고는 그가 아들 강중건에게 남긴 유언, "나 죽는 것이 조선청년의 가슴에 적게나마 무슨 이상한 느낌을 줄 것 같으면 그 느낌이 무엇보다도 귀중한 것이다. 이제 내가 이 만큼 에쓰디기 죽는 것은 당연한 일이 아니냐. 조선 청년의 가슴에 인상만 배긴다면 그만이다"를 생각나게 한다. 강우규는 자신이 바라던 대로 조선민중들의 가슴에 깊이 새겨진 것이다.

* 『한국민족운동사료』(3·1운동편 2), p.463.

실제로 강우규의 공판기사가 신문지상에 보도되자, 조선 사람들은 강우규의 행위를 웅대하다고 여기고 공판정에서 보인 그의 태도를 통쾌하다고 상찬(賞讚) 하였다. 그의 의거는 특히 청년 학생들에게 큰 감동을 주었다. 1920년 1월 14일 밤 블라디보스토크 신한촌 한민학교에서는 강우규 의거를 연극으로 공연하였는데, 이를 본 많은 학생들이 크게 감동하였다.* 또한 1920년 2월 16일 오후 9시 반경 서울역 대합실에서는 이러한 연설이 이루어지기도 하였다. "강우규는 노인임에도 불구하고 재등 총독에게 폭탄을 던지고 조선 민족을 위해 희생되었음을 알아야 하며 따라서 우리 청년은 더 한층 분기하여 조선독립을 위해 노력하지 않으면 안된다"는 취지의 연설로, 이 연설이 끝난 후에는 "대한독립만세"를 10회 정도 연거푸 불렀다고 한다.** 나아가 강우규가 보여 준 용기는 실제 독립운동에도 많은 영향을 끼쳤다. 65세 노인의 의거는 이후 국내외 민족운동의 큰 기폭제가 되었던 것이다. 그 한 예로 1924년 5월 19일 참의부 독립군은 압록강안을 순시하던 사이토 총독을 습격하였다.

　한편 강우규의사의 독립에 대한 열정은 조선 민족을 넘어

* 『한국민족운동사료』(3·1운동편 2), p.705.
** 『독립운동사자료집』5, p. 272.

그를 수사했던 일본 경찰까지 감동시켰다. 1919년 당시 경기도 경찰부장으로 강우규를 직접 취조했던 지바료는 그를 회상하며 "우국지사였지요. 그는 정말 과장 안 하고 우국 지사였다고 생각합니다. 감정이 격해지자 일어납니다. 이번에는 당당하게 독립 연설을 시작합니다. 예순 몇 살이 된 노인이 탄상을 두드리며 독립의 열정을 피력합니다. 비장했습니다"라고 하였다. 강우규는 의거 이후 이어진 취조와 재판 과정에서도 독립운동의 연장선상에서 시종일관 당당하고 거침없는 태도를 보였고, 그의 이러한 모습에 적인 일본 경찰마저 감동하였다.

강우규 의거가 일으킨 파장은 이뿐만이 아니었다. 즉 그의 의거는 동양을 넘어 멀리 미국에까지 영향을 미쳤다. 그의 의거 사실이 9월 9일 『LA TIMES』에 실린 것이다. 이를 통해 강우규 의거가 동양을 넘어 서양인 미국에서도 주목한 사건이었다는 것을 알 수 있다.

William Preston Harrison and Mrs. Harrison.
Who were reported injured in a bomb explosion at Seoul, Korea, when
attempt was made to assassinate Gov.-Gen. Saito. Mr. Harrison is
brother of Carter Harrison, former Mayor of Chicago, and both M
and Mrs. Harrison are well known in Los Angeles.

uprisin **an American**
proclam

ppointm **rison, who is**
e Issuan **lated to Carte**
atement **mayor of C**
ouncing

WASHINGTON, Sept. 3.—William
Harrison, former resident of Los An-
geles, brother of Carter Harrison,
former Mayor of Chicago, and his
wife, received slight flesh wounds in
the explosion of a bomb th

타임즈 보도

이상에서 살펴본 바와 같이 1919년 9월 2일 65세 노인이 던진 폭탄은 잔잔한 호수에 던져진 작은 돌맹이 하나가 만드는 파장처럼 여러 곳에 영향을 주었다. 우리 역사에 이처럼 큰 의미를 남기고도 정작 본인은 "내가 평생에 세상에 대하여 너무 한 일이 없음이 오히려 부끄럽다"고 한 강우규 의사. 우리 역사가 잊고 있던 그 이름 '강우규'를 가슴에 새기며, 마지막은 사형을 선고받은 그가 감상을 묻는 일제 검사에게 써주었다는 다음의 시로 대신하고자 한다.

斷頭臺上 猶在春風

有身無國 豈無感想

단두대 위에는 봄바람만 불뿐,

이 몸은 나라 없는 자이니 어찌 무슨 생각이 있겠나.*

강우규 의사가 남기고 간 시   강우규 의사 어록비
(독립기념관)

---

* 김삼웅, 「1920년대 서대문형무소」, 『서대문형무소 근현대사』, 나남출판,
  2000, p.139.

강우규의사의 손녀 강영재 증언

-강우규의사의 손녀 강영재-

총독재등을 저격한 삼대 의거
남대문역두 강우규의사의 투탄
예포 소리가 끝나자마자 몇 초 간격을 두고
또 한 방의 굉음이 천지를 진동하였다.

나의 조부님 강우규의사의 행적에 관하여는 해방 후 이십
여 년간 학동들의 교과서를 통해서나 신문 잡지 등 출판물에
소개된 단편적인 기사를 통해서, 그 밖에 순국선열에 대한
역대 정부의 소개에 의하여 비교적 많이 알려진 것이 사실이
다. 그러나 막상 그분이 구체적으로 어떠한 분이며 우리 민

왈우 강우규 손녀(오른쪽, 1972년)

족을 위하여 무엇을 하였고 또 어떻게 최후를 마쳤는가를 자세히 말하라면 만족할 만한 대답을 할 사람이 얼마나 될까.

　나는 이 점에 대하여 항상 죄책감 속에서 살아왔다. 어린 내 손을 이끌고 북만 연해주·시베리아 등지를 방랑하면서 남의 사랑방 귀퉁이에서나 황량한 들판을 거닐면서 내 교육을 위해 촌음의 시간을 허비할세라 마음 쓰시던 조부님. 합방 후 조국을 등지고 표류하며 외지의 우리 청년들에게 나라의 장래를 기대하고 그들의 민족혼을 일깨 워주고 앞날의 힘을 키워주기 위해 각지에 학교를 세우고 교회를 세우며 자기를 돌보지 않던 조부님. 삼일운동 후 문화정책을 표방하는 일제의 기만술책을 때려 부수기 위해 노구를 이끌고 멀리 연해주로부터 상경하여 남대문역두에서 재등실 총독에게 투단, 살신성인한 조부님. 이러한 자랑스러운 나의 조부님을 위해 혈육으로는 오직 하나뿐인 내가 해드린 일이 무엇인가. 해드리기에 앞서 조부님에 대해 너무나 아는 것도 없고 성의 없었던 지난날 내 지각없던 시절을 생각하면 자괴(自愧)와 회한에 몸 둘바를 모르겠다.

근래 나는 조부님이 나와 우리 겨레를 위해 베푸신 은혜의 만의 하나라도 보답코자 그분의 행장을 정리하여 이를 기록하기를 염원하였다. 그러나 조부님은 평생을 유랑생활로 시종하여 글자 한 자 기록으로 남긴 것이 없고 조부님 거사 이후 일제의 박해로 유족이 풍지박산하는 바람에 유품 하나 남은 것이 없다. 더구나 조부님 거사 당시 내 나이 2세의 어린 계집아이였으니 조부님에 대한 기억은 아련할 뿐 구체적인 실체를 잡을 수가 없다. 후에 아버님 중건 씨에게 가끔 조부님에 대한 단편적인 얘기를 들은 일이 있으나 그때는 어리고 지각없던 때라 유의하지 못했던 것이 또한 한이 된다.

이번에 『신동아』지의 협조로 당시 신문보도와 재판기록, 잡지와 책자 속에 수록된 단편적인 기록을 모으고 당시 사건현장을 취재 보도하신 유광렬 선생의 목격담과 조부님과 홍원시절에 동사(同事)하시던 도명수(都明洙) 씨의 아들 도상봉(都相鳳) 화백의 술회를 종합하여 미흡한 대로 조부님의 일대기를 세상에 알리게 되니 평생 맺힌 한의 한 매듭이 풀리는 듯하며 그분에 대한 흠모의 정이 새삼 끓어오름을 금치 못하였다.

▣ 더듬을 길 없는 유년시절

조부님 강우규는 1855년 음력 6월 1일(철종 6년 을묘)에 평남 덕천군 무릉면 제남리 68번지의 한미한 농가에서 태어났다. 위로 형님이 두 분, 누님이 한 분, 사남매의 막내동이로 자랐으나 일찍이 부모를 여의고 주로 누님댁에서 자라며 적막한 소년시절을 보낸 것 같다. 그러나 어려서부터 위인이 헌앙(軒昂)하고 대절(大節)을 지니고 있어 행동거지가 웅장하고 적은 일에 뜻을 두지 않아 주위 사람들에게 장래를 촉망받았다고 한다. 『기려수필』 강우규조에 보면,

為人軒昂有大節, 不事産業, 古家甚貧, 小不爲意, 聖嚴, 雖父子之間, 一生無溫酬酌, 宇奎年十三, 往里中社得分肉而歸, 中路驚蹶去, 宇奎手餘肉自若而行, 驚又蹶之, 宇奎以　手捕獲, 及歸, 王大人喜曰, 此兒他日, 必有成大功, 弱冠從父, 移咸南之洪原, 信耶蘇教長老派……

라고 적혀있어 어린시절의 성품을 대충 짐작할 수 있으나 이 이상의 기록은 물론 없고 집안에서 전해 내려오는 이야기도 없어서 더 이상 자세한 내력은 알 길이 없다. 1920년 4월 15일자 조부님의 공소심판기록에 보면 총원(塚原) 재판장과의 심문내용에서 "신교(信敎)는 야소교장로파를 믿고 학문은 10여세 때 한문을 배웠을 뿐이요, 그 후로는 각지로 방랑하였소, 별로 공부는 하지 못하였소"라 한 것을 보면 어린시절에 잠시 서당공부를 한 정도이고 별다른 전문지식이나 학문에 몰두한 일은 별로 없는 듯하다. 그러나 30여 세에 함경남도 홍원으로 이사하기 전에 그는 고향에서 한방의술을 배워서 어느 정도 시술을 하였던 것으로 짐작되니 전하는 말에 의하면 홍원으로 이사한 후 그는 동리사람들의 간단한 병은 손수 고쳐주며 의원 노릇을 하였다 한다. 상기(上記)한 총원(塚原) 재판장과의 질의응답 가운데,

재판장 "피고가 의술을 잘해 최자남의 처의 병을 고쳐주었다니 정 말이냐?'
강우규 "별로 의술은 안다고 할 수는 없으나 어렸을 때 한방의술을 좀 배우고 겸해서 내가 그때 약장사를 하였소."

라고 한 것을 보면 그는 홍원으로 이사하기 전까지 고향에서 한방의 노릇을 한 것이 아닌가 짐작되기도 한다. 홍원에 온 후 그는 농사를 하지 않고 읍내에서 자리를 잡고 주로 상업 방면의 일을 보았으며 그 지방 사람들을 대하는 품격이 점잖고 봉사적이었던 점으로 미루어 보면 그는 농사꾼은 아니었던 것이 틀림없다. 더욱이 그는 홍원으로 솔가할 당시 상당액의 거금을 가지고 왔다하니 농사꾼으로서는 그런 재산을 마련하지 못했을 테고 필경 다른 벌이 좋은 직업에 종사했을 테니 그것이 바로 한방의가 아닌가 생각한다.

좌우간 그는 한미한 농가의 막내둥이로 태어나서 10여 세에 한학을 배우고 이후 한방의술을 익혀 한의원으로 주업을 삼았으며 상당한 재산을 모았고 또 언제부터인지는 확실치 않지만 기독교를 믿어 독실한 교인이었다는 것 이상은 상고(上考)할 도리가 없다.

소부님이 힘남 홍원으로 이주한 것은 1885년 을유년이었다. 처음에는 단신이 이곳에 와서 생업을 위한 이곳 형편도 살피고 대충 살 자리를 마련한 다음 그 이듬해 다시 고향으로 가서 처자 등 권속을 데리고 왔다 한다. 그러나 무슨 이유로 고향을 버리고 홍원으로 이사하였는지는 알 길이 없다. 내가 어려서 들은 어른들 말씀으로는 그곳 덕천에서도 역시 무슨 애국운동에 관련되어 신변이 위태롭게 되자 피신 겸 홍원으로 이사하게 됐다는 것이다.

이곳에 온 이후 조부님 행적은 어느 정도 그 윤곽을 잡을 수가 있다. 이때부터의 얘기는 내 어려서 아버님 어머님에게 더러 들을 수 있었고 또 조부님과 사업을 동사(同事)하던 도명수씨의 자제 도상봉 화백의 술회에서도 개략적인 윤곽을 잡을 수 있다. 그리고 조부님 거사 이후 내 나이 13세 때 만주에서 서울로 유학 오는 길에 그곳 홍원군 용원면 영덕리에 잠시 들러 조부님 사시던 집도 둘러보고 조부님의 친지 몇 분도 만나 뵙고 인사도 드린 일이 있었다.

앞서 잠깐 말한 바와 같이 1885년 조부님이 홍원으로 이주했을 때 그는 그때 돈으로 기천원 정도의 거금을 가지고 왔었다. 처음에 단신으로 와서 장사할 상점자리를 잡은 곳은 홍원읍 남문 앞 서쪽 골목의 셋째 집이었다. 이 일대는 홍원 읍내에서 가장 번화한 중심가로서 주로 이화상과 음식점이 연립해 있는 거리였다. 그는 이때 "솜방집 아망이"라 부르던 과부부인을 양어머니를 삼고 그분과 살림을 차렸다. 다음해 조부님은 다시 고향인 평남 덕천에 가서 부인과 아들 중건을 데리고 와서 홍원에서 합솔하고 아들을 앞세워 장사를 시작했다. 남문거리의 가게 터에다가는 잡화상을 벌여놓고 물감,

담뱃대, 면사, 포목 등을 팔았다. 주로 아들 중건과 점원들에게 가게를 맡기고 자기는 뒤에서 인근 장사꾼들에게 장사 밑천도 대주고 저리로 돈놀이도 하였다. 이즈음 그의 생활은 시국이 평안하고 한말의 기울어져 가는 나라일만 외면할 수 있었다면 안정의 연속이었을 것이다.

▣ 동네 어른 강초시(姜初試)

그러나 그는 가사에 몰두하고 이재(理財)에나 탐일하는 소시민으로만 머물러있을 위인이 되지 못했다. 지금 햇수와 날짜를 꼽아 얘기할 수는 없지만 1910년 한일합방이 되어 북만으로 망명할 때까지 약 25년 간 그는 홍원에 살면서 가업인 상업보다는 오히려 학교를 설립하여 청소년들에게 신 사상을 고취하고 다각적인 방법으로 인근주민들을 깨우치는 데 전력을 다했다. 1907년경 을사조약 이후부터 그는 홍원에다 사설학교를 세우고 인근의 청년들을 모아 구식 한학교육보다는 기초적인 신 학문과 급변하는 국내외 정세에 대처할 수 있는 신 사상을 고취하는 데에 주력하였다. 『기려수필』에 보면 그는 외세의 소용돌이 속에서 국세가 날로 기울어지는 것을 보자 일본의 세력을 배격할 수 있는 국민들의 자질 향상을 위해 학교를 설립하고 매양 학생들에게 말하기를 "제군들은 열심히 공부해서 우리 조국의 국권을 다시 회복하도록 노력하여야 한다"고 역설하였다고 적혀 있다. 이러한 조부님의 교육을 통한 국민자질향상운동의 동기는 물론 시대적인 추세에도 영향받은 바가 있었겠지만 1907년 9월경에 성립된 비밀결사 신민회의 계몽과 조직 확대에 힘입은 바가 컸던 것이 아닌가도 생각된다. 이후 합병 전까지 수삼 년간 신민회 함경도지역 책임을 맡은 이동휘 씨가 몇 차례 홍원에 왔던 점으로 미루어보아도 짐작이 가능한 것이다. 이동휘 씨는 원래 구한국군대 참령으로 있던 무인이며 장대한 의협한이며 애국지사였다. 그는 1907년 8월 1일 일제에 의하여 구 한국군대가 강제해산되기 이전에 강화도진위대장으로 있다가 해면되었으며 1907년 8월 9일 강화도진위대가 군대해산령에 불복하고 일군에 항전할 때에는 배후에서 이를 지휘하기도 했던 열혈의 지사로서 당시 함경남북도민들의 존경을 한 몸에 받던 지도자였다.

한번은 그가 홍원에 내도하여 홍원현감을 만난 일이 있었다. 그때 현감은 아직 상투를 머리에 달고 있었는데 이동휘 씨는 이를 보더니 "'네가 명색이 현감인데 아직까지 상투를 붙이고 있느냐"고 일갈, 몸에 지니고 있던 장도를 빼어 이를 베어버렸다고 한다. 이 얘기는 훗날까지 그 지방 사람들 간에 하나의 자랑스러운 일화로서 남아 돌아다녔다.

그가 홍원읍에 나타나면 온 읍내가 잔치 집처럼 들떠서 그를 접대하였다. 읍내 유지들은 제가끔 자기 집에다 음식을 마련해 놓고 그를 데려다가 그 지방 풍습으로 "때를 한다"고 하여 한 끼씩 식사 대접을 하였다. 우리 집에서도 몇 차례 이동휘 씨를 모셔다 "때를 하였다"고 한다. 그는 기골이 유난히 장대한 거인이었으며 코밑에는 팔자 수염을 달고 눈빛이 이글이글 타는 전형적인 무인이었다 한다. 그가 홍원에 나타날 때에는 으레 권승하 씨를 비서로 대동하였고 어느 유지의 집 사랑방에 좌정하면 동리 부녀자들과 아이들이 그의 풍모를 구경하러 사랑방 근처에 성시를 이루었다.

이러한 사회적인 여건에서 조부님이 학교를 세우고 지방 사람들을 교화한 동기를 이동휘 씨의 영향과 감화로 연결지어 생각하는 것은 당연한 일이 아닐까 생각한다.

조부님의 홍원시절 얘기 중에 빼어놓을 수 없는 것은 양증조모 "송방집 아망이"에 대한 추억이다. 조부님이 1885년경 처음 홍원에 발을 디디었을 때는 양증조모는 그곳에서 과부로 혼자 살면서 여관을 경영하고 있었다 한다. 조부님이 그 여관에 투숙하며 서로 친숙하게 되고 피차가 의지할 곳 없는 외로운 처지라는 것을 알게 되자 양모자지간 이상으로 서로

정을 쏟고 살게 되었으며 특히 조부님의 양모에 대한 효성은 동리사람들의 칭송이 자자할 정도로 유별났다. 후에 만주로 이주하여 살 때 양증조모께서 병환이 나서 위독하게 됐을 때 조부님은 자기 손가락을 단지하여 양모에게 수혈을 해드리어 회생시켜드린 일도 있었다.

홍원에서의 우리 집 택호는 "송방집"이라 하였고 양증조모는 "송방집 아망이"로 불리었다.("아망이"는 함경도방언의 할머니) 증조모는 키가 훤출하고 이목구비가 선명하며 성격이 괄괄한 엄한 노인이었다. 항상 모보단 마고자에 흰 수건을 머리에 쓴 깨끗한 옷차림으로 동리의 친지 집을 순방하며 집집의 살림살이도 참견하고 아이들도 보살폈다. 친지들은 그분을 친부모 이상으로 모시면서도 경외의 염으로 그분을 대했다.

이와 같이 두 모자는 홍원읍내에서 유명한 존재였다. 조부님은 아들 중건을 내세워 장사도 하고 다른 장시꾼들의 뒤를 돌봐 주며 밑천도 대주고 또 거리에 나서면 대동일을 도맡아 하며 "동리 어른"으로 대접받았다. 길가에 쓰레기가 널려있으면 손수 이를 치우고 다녔고 아침 일찍 일어나 상가의 점포를 돌며 문열기를 재촉하기도 하였고 또 거리에서 시비가 벌어지면 이들을 뜯어 말려놓고 연설조로 엄숙하게 교훈하였다. 학교교육을 통한 청소년들의 지도는 물론 이려니와 그는 거리의 시민들에게도 무엇인가를 일깨워주려고 노력하였다. 읍민들은 그를 "강초시"라 부르며 친부모처럼 따랐다.

▣ "송방집 아망이"

이와 같이 남문 앞거리의 장사는 아들 중건과 점원들에게 맡기다시피하고 자기는 학교 일이나 동리의 대동(大同) 일에 전념하다보니 자연 장사는 소홀해지지 않을 수 없었다. 그러나 그는 이런 일에는 별로 개의치 않았다.

이즈음 도상봉 화백의 선친인 도명수 씨가 20여 세의 청년으로 우리 가게의 점원으로 있었다. 그는 천성이 근면 착실하고 정직하여 금방 조부님의 눈에 들게 되었다. 장날이나 그 밖에 성시가 이루어지는 날이면 그는 점포 옆에다가 자기 돈으로 조그맣게 새끼점포를 벌여놓고 자기 몫으로 별도의 장사를 하기로 하였다. 조부님은 이러한 그의 상재와 착실한 마음씨를 높이 사서 전적으로 그를 신임하게 되었고 차츰 집의 점포의 배당을 그 앞으로 달아주어 장차 살아나갈 기틀을 마련해주었고 후에 돈 20원을 베어주어 독자적으로 장사를 할 수 있도록 배려하였다. 후에 그는 계속 상업에 정진하여 홍원 유수의 실업가로 성장하였으며 그의 점포 '덕흥상회'는 관북 일대에 지점강을 펴고 굴지의 기업체로 군림하게 되었다.

그 무렵 홍원에서 서로 내왕하며 지내던 집안으로는 도명수 씨 댁과 지금 중앙중고등학교교장으로 계시는 최형동(崔炯練) 씨의 가친되시는 분과도 친교가 두터웠고 그밖에 몇 집 유지급 인사들이었다. 양증조모인 '송방집할머니'와 조부님은 이들 집을 수시로 돌아다니시며 한 집안처럼, 친자식처럼 세교를 맺고 지내셨다.

홍원에서 20여 년 지내는 동안 조부님은 50이 넘어 중노인이 되었고 아들 중건도 장성하여 딸 삼형제를 둔 장년이 되었다. 군색치 않은 살림살이와 슬하를 덮어주는 자녀들 틈에 쌓여 만약 시국만 평안하고 나라일만 외면할 수 있었다면 조부님은 소박하고 평범한 여생을 이곳 홍원에서 보냈을 것이다.

▣ 노령·만주로 유랑의 길

나라를 지켜야 한다는 우리 겨레의 염원과 이를 앞장서서 지도하던 애국지사들의 노력에도 불구하고 시국은 날이 갈수록 흉흉해지고 사직의 운명은 풍전등화와 같이 절박해갔다.

드디어 1910년 8월 22일 일본군의 강압에 의한 한일합방조약이 덕수궁 돈녕전에서 체결되어 8월 29일에는 한일합병

조약을 공표하는 황제의 양국(讓國) 조서가 반포되었다. 나라 이름도 '대한제국'에서 '조선'으로 바꾸고 일제의 조선총독 관제가 발포되어 그들의 말발굽 아래 우리 민족은 식민지백성으로 영락하게 된 것이다. 더구나 오백년 동안 우리 겨레의 머리 위에 군림하던 조선조 왕가도 한낱 저들 일제의 노리개로 전락하여 태상황(고종)을 덕수궁 이태왕 전하로, 순종 황제를 창덕궁 이왕 전하로, 황태자 은(垠)을 왕세자로 각각 융봉하고, 완흥군 이재면(고종의 형), 이준용(재면의 자), 의친왕 (순종의 형, 황태자의 형)도 각각 공으로 책봉하여 이희공, 이준공, 이강공 등으로 격하시키는 등 우리겨레의 망국민의 한을 더욱 부채질하였다.

일제는 또한 일부 왕족과 척족 및 원로대신과 한일합방을 위해 자기네들에게 협력한 매국노들을 합쳐 74명에게 자기 나라의 귀족제도를 적용하여 서작(敍爵), 마치 왕실과 일부 귀족들에게 상당한 예우를 하는 듯이 민심을 무마하는 한편 105인사건을 날조하여 자기네들에게 비협조적인 민족지도 자들을 대량으로 검거하고 또 안악사건을 확대하여 황해도 일대의 유지 160여 명을 검거하는 등 한 손으로는 회유하고 한 손으로는 철권을 내휘두르는 양면정책을 구사하여 이른 바 총독정치의 마수를 뻗히기 시작했다.

이러한 망국의 비운을 당하여 뜻있는 애국자들은 자진하여 욕된 망국노로서의 삶을 거부하기도 하고 또는 만주, 시베리아 등으로 망명하여 민족의 실력 향상을 기하고 무력항전을 위한 포석을 펴기도 하였다. 이해 9월 10일 매천 황현은 음독자결하였고, 김석진도 일제의 서작을 거부하고 자결하였으며, 조정구 자결 미수, 그 밖에 참판 송도순, 승지 이재윤, 군수 홍범식, 주러공사 이범진, 유생 김도현 등도 순국 자결하였다.

그리고 윤세용, 윤세복, 이원식(동하) 등은 만주 봉천성 환인현성에 망명 정착하여 동창학교를 설립, 훗날 일제 항일을 위한 민족운동자들의 거점을 잡았고, 유인석, 이강년, 전덕원, 홍범도, 조맹선, 박장호, 조병준, 차도선 등 의병장으로 활동하던 분들은 각각 휘하병력을 이끌고 만주 통화·장백·관전·환인 지방에 분포하여 뒤에 남만주 항일무력항전의 기초를 닦았다. 특히 조부님의 관심을 모은 것은 신민회의 움직임이었으니 그때까지 국내에서 신민회를 지도하던 이회영·이시영·이동녕·김동삼·이상룡·윤기섭·이동휘 등 애국지사들은 항구적인 독립운동의 발판을 잡기 위하여 만주 봉천성 유하현 삼원보에 정착하고 신흥무관학교를 설립 독립군의 기간요원 양성을 기도하였으니 이 또한 후에 남만주의 무력대일항전의 기초가 되었다.

조부님이 조국을 등지고 노령으로 망국 이주할 것을 결심한 동기는 신민회의 동정이었다. 특히 이동휘 씨는 함경도지방을 중심으로 활약하던 분이고 평소 조부님과도 친교가 있어 그분의 지도를 받아오던 사이였으니 그분이 해외로 망명하는 마당에서 마음이 움직였을 것은 당연한 이치였다. 집안 어른들 간에 "조부님이 이동휘 씨를 따라 노령으로 갔다"고 전해오는 말을 내 어려서 들은 기억이 있다. 『기려수필』에도 조부님이 한일합병이 되니 식민지 치하에서 살기를 거부하고 노령으로 갔다고 되어 있다.

1910년 가을 조부님은 조국을 등질 것을 결심하고 우선 큰 아들 중건(호적명 건하)과 자부 최짐손과 그해에 갓 낳은 나와 셋을 노령으로 보내었다. 대가솔이 한꺼번에 떠나기가 힘들고 또 먼저 아들을 보내어 타향에서 살자리를 미리 잡아놓기 위해서였을 것이다. 우리 일행은 그 길로 만주 두도구를 경유하여 노령 하바로브스크로 갔다.

이듬해 1911년 봄 조부님은 팔순이 된 양모와 맏손녀 복섬을 대동하고 역시 만주 두도구를 거쳐 노령으로 유랑의 길을 떠났다. 망국의 한울 품은 유랑민으로서 꼭 정처가 있는 것도 아닌지라 그들 일행은 발길 닿는 대로 지향 없이 주로 북만주와 노령의 국경지방을 표류하였다. 다행히 조부님은 옛날부터 익혀두었던 의술을 이용하여 아무데고 한인부락이 있는 곳에 짐을 풀고 조그맣게 간이병원을 차려놓으면 그곳 환자들이 찾아들어 이들을 상대로 시술을 하였다. 그는 젊어서 배운 한의학뿐만 아니라 양의방을 겸하여 시술하였다. 간단한 병은 한방으로 처방전을 적어 주기도 하였지만 대개는 양의 노릇을 하였다. 지금으로 말하자면 의생이 자격이라고 할까.

그가 찾아다니는 곳은 주로 한인촌 예수교 계통의 교회 였다. 우선 교회를 찾아들어 그 근처에 방을 얻어 살림을 차리고 교회에 나가 예배도 보며 교인들과 사귀면 자연 병을 보러 오는 환자도 생기게 마련이었다. 인근 마을에 왕진을 나가기도 하며 한인촌을 무대로 의료업을 벌이면 몇 식구 먹고 살만한 벌이는 충분하였다. 이렇게 방랑생활 겸 의료업은 상당히 번창할 때도 있었으며 그의 기술도 주민들 간에 인정을 받게 되어 그는 '용한 의사'로서 명망을 얻기까지 하였다. 이렇게 이 마을 저 마을 노령 한인촌을 찾아다니는 그의 방랑생활은 6년여를 계속하였다.

▣ 新興洞을 건설, 學校도 세우고

1910년과 1911년 서로 엇갈려 떠났던 우리 가족이 만나서 같이 살게 된 것은 1915년 내 나이 6살 때 노령 하바로브스크에서였다. 그때까지 나의 아버님 어머님 그리고 나 세 명의 일행과 조부님, 증조모님, 나의 형 복섬 일행은 각기 노령 북만주에서 유랑생활을 하며 헤어져 살고 있었다. 실상 나는 그때 처음으로 조부님을 생면한 셈이었으며 그와 나의 기이한 방랑생활은 또다시 시작되었다.

하바로브스크에서 합류한 우리 가족은 다시 북만주 길림성 요하현으로 이주하여 '신흥동'이란 마을을 개척 건설하였다. 이곳 신흥동은 노령과 인접돼 있는 북만주 서북단의 벽지로서 그곳에서 오리만 나가면 강이 흐르고 그 강을 건너면 바로 노령이었다. 조부님이 굳이 이 벽지에 자리를 잡은 이유는 하바로브스크나 블라디보스토크 등 노령의 우리 독립운동단체들과 내왕하기가 용역하고 만주의 우리 동포들이나 독립운동단체들과의 연락을 하기 위한 거점을 확보하기 위한 때문이었다.

그는 인근시역의 아직 정착하지 못한 채 유랑하고 있는 교포들을 끌어들여 이곳 신흥동을 개척하여 한두 해 후에는 백여 호 가까운 한인마을을 만들었다. 이 마을은 순전히 조부님의 헌신적인 노력으로 이룩된 것이며 후에 노령과 북만주를 무대로 활약하는 우리 독립군의 요충지가 되었다.

이곳 신흥동에서 우리가 살던 집은 광활한 북만의 평원에서는 보기 드문 오뚝 솟은 조그마한 언덕 위에 있었는데 동리사람들은 이 집을 '천당집'이라고 불렀다. 조부님은 손녀들 중에서 특히 나를 사랑하여 동리 마을을 나갈 때도 꼭 나를 데리고 가셨고 잠잘 때도 나를 데리고 주무셨다. 그리고 내 나이 칠세때부터는 내게 한문을 가르쳐주었고 붓글씨를 익혀주었다. 매일 한 자 한 자씩을 손수 청서하여 이것을 습자첩에 매어놓고 이를 반복하여 쓰게 하였다.

조부님은 나의 필재를 유난히 기뻐하였다. 동리사람들이 글씨 잘 쓴다고 어린 나를 칭찬하여 줄 때마다 그는 매우 흡족한 표정이었으며 때로는 집에 오는 손님들 앞에서 내게 붓글씨를 쓰게 하고 나를 자랑하였다. 후에 그는 이곳 신흥동에 광동학교를 설립하고 자기가 교장이 됐을 때 그 학교 간판을 내게 쓰게 하여 이것을 걸어 놓기까지 하였다.

조부님이 이 광동학교를 설립한 것은 1917년 봄이었다. 동리 가운데다가 터를 닦아 통나무로 한식 창고 같은 건물을 세우고 여기서 아이들을 가르치기 시작했다. 부락 아동들과 인근동리 아이들을 모아 학생 수도 백여 명 가까이 되었고 선생도 초빙하였다. 조부님은 교단에 설 때마다 어린 학생들에게 일본의 야만적인 침략주의를 규탄하고 우리 민족이 살 수 있는 길은 한시 바삐 일제의 질오에서 벗어나 독립국가를 건설하고 한민족은 한민족끼리 사는 것이라고 역설하였다.

그는 또 가끔 학교사당에 동리사람들을 모아 놓고 독립운동에 대한 강연을 하였다. 그때마다 나는 맨 앞줄 조부님의 턱 밑에 쪼그리고 앉아 내용도 알지 못하는 얘기를 들었다. 그의 얼굴은 붉게 충혈되고 목소리가 우렁차서 청중들을 제압하였다. 이야기가 끝나면 혼자 중얼거리는 사람도 있고 고개를 끄덕이는 사람. 따라나가 무엇인가 물어보는 사람도 있었다. 그때 신흥동에 모여 살던 사람들은 본국에서 살 길을 찾아 이주한 가난한 사람도 있었지만 거의가 일제의 식민지 치하에서 살기를 거부하고 망명한 애국자들이기 때문에 조부님의 강연은 그때마다 청중들에게 깊은 감명을 주었다.

이렇게 신흥동 마을 건설이 어느 정도 궤도에 오르자 조부님의 유랑생활은 다시 시작되었다. 독립단체와의 연락도 취하고 새로 세운 학교의 운영비를 마련하기 위하여 행상의료업을 나서는 것이었다. 한번 집을 나가면 며칠 만에 돌아오는 수도 있었지만 한 달이 걸리는 때도 있었고 심하면 봄에 나가면 여름을 지나 늦은 가을에야 돌아오는 경우도 있었다.

광동학교에 입학하기 전 6살부터 8살까지 2년간 나는 조부님을 따라 여러 차례 그의 행상의료업에 따라다녔다. 그때 조부님은 환갑도 훨씬 지난 노인이었지만 원기왕성하여 별로 피로해하지도 않았다. 집을 떠나 오래 동안 떠돌아다니자니 자연 적적하고 앞이 허전하여 나를 길동무 겸 데리고 다녔던 모양이다. 나도 낯선 지방을 돌아다니며 구경을 실컷 할 수 있고 조부님의 귀염을 독차지하는 것이 즐거워 그가 길을 나설 때마다 따라나섰다.

내가 조부님을 따라 돌아다닌 곳은 노령의 하바로브스크, 블라디보스토크, 니코리스크 등지의 한인촌이었다. 우선 마을에 들어서면 교회를 찾고 교인들과 같이 예배도 보며 환자들을 찾아 치료를 해주었다. 가난한 사람들에게는 무료로 봐주었다. 이러한 방랑생활의 여가를 이용하여 조부님은 내게 글공부를 시켰다. 손수 그림을 그려 교재를 만들어 가지고 이해에 편리하도록 배려하였으니 시체말로 시청각교육이라 할까. 아직까지 기억에 생생한 것은 '욕심많은 개'라는 우화였다. 고기를 물고 다리를 건너가던 개가 물속의 자기 그림자를 보고 그것도 마저 갖고 싶어 짖다가 고기를 물속에 빠쳤다는 얘기를 그림으로 재미있게 그려 주었다. 또 붓글씨를 가르치는데 하루에 한자씩 습자첩에 적어주고 이것을 반복하여 연습을 시켰다. 그 밖에 내 작문 지은 것을 추고할 때는 항상 이야기 끝머리에 "우리겨레도 하루 바삐 독립을 성취하여 복된 나라를 세워야겠다" 또는 "우리는 열심히 공부하여 독립을 찾기 위한 대일항전의 초석이 될 수 있는 힘을 길러야 한다"는 구절을 첨가하여 어린 나의 마음속에 민족주의사상의 씨를 심어주었다.

■ 新興洞 '천당집'

광활한 복만의 평원, 가도 가도 다하지 않는 노령 황금의 가을 벌판, 노을진 지평선을 향해 허이연 팔자수염을 흩날리며 걸어가는 노 지사, 망국의 한을 풀 길이 없어 객창에 잠 못 이루는 밤이면 어린 손녀딸을 깨워 앉혀놓고 울분을 터뜨리던 조부님, 지금 내가 생각할 수 있는 그분의 영상은 이러한 아련한 것뿐이다. 그 동화와 같은 그림 속에서 조부님의 손목을 잡고 티 없이 따라다니던 어린 나의 모습을 나는 지금도 똑똑히 본다.

우리가 신흥동 '천당집'으로 이사하기 전에도 조부님은 많은 독립운동자들과 긴밀한 접촉을 한 모양이지만 그때는 내가 너무 어렸기 때문에 자세한 내용은 알 길이 없다. 어렴풋

이나마 기억할 수 있는 것은 '천당집'에 이사 온 후부터의 일이니 그나마 무의식중에 보아 넘긴 일들이라 회상해 볼수록 아물아물 할 뿐이다.

신흥동 '천당집'에는 독립단원들이 무시로 드나들었다. 이들의 정확한 단체명은 모르겠으나 통칭 독립단이라 하였으며 카키복에 총을 멘 젊은 무장군인도 있고 점잖게 차린 늙수그레한 분도 있었다. 이들은 신흥동에 오면 으레 우리 집에를 들러 조부님과 무엇인가 의논을 하기도 하고 밥도 지어 먹고 갔다. 지금 그들의 이름이나 용모는 알 길이 없지만 그러한 손님들 중에 이동휘 씨가 있었던 것만은 지금도 기억할 수 있다.

내가 광동학교에 입학하던 여름에 이동휘 씨는 20여 세쯤 되어 보이는 처녀를 데리고 우리집에를 왔다. 그의 딸이었다. 그 처녀는 조부님과 이동휘 씨가 사랑방에서 얘기하고 있는 동안 집안에서 나와놀면서 내 이름도 묻고 머리도 쓰다듬어 주면서 이런 말을 하였다.

"영재야 너도 이다음 나만큼 큰 처녀가 되거든 시집 가지 말고 꼭 독립운동을 해야 한다."

나는 그 말이 무슨 뜻인지 정확히 알 수 없었지만 뭣인가 중요한 의미를 가진 것만은 내 나름대로 알아차렸고 그들 부녀의 일은 지금도 생생하게 기억하고 있다.

그러나 이러한 조부님의 정치적인 활동보다 더욱 잊혀지지 않는 것은 그분의 양모에 대한 효성이었다. 북만으로 노령으로 단 1년을 한곳에 머물지 않고 방랑하면서도 조부님은 반드시 양모님을 자기가 모시고 다니며 정성을 다해 섬겼다. 나는 조부님이 돌아가실 때까지 증조모가 조부님의 양모라는 사실을 알지 못했다. 그만큼 그는 양모를 모시는 데 빈틈이 없었고 친어머니 이상으로 효성을 바쳤다. 한번은 증조모께서 노환으로 편찮으셔서 중태에 빠진 일이 있었다. 어느 날 저녁 나는 조부님이 손가락에 헝겊이 감겨져 있는 것을 보았다. 일하다가 다친 걸로만 생각하고 무사히 보아 넘겼는데 후에 알고 보니 증조모님에게 수혈을 해드리기 위해 왼손 약손가락의 한마디를 잘랐다는 것이었다. 그때 어린 소견에도 그분의 정성에 가슴이 저리던 기억이 난다.

▣ 독립만세시위와 노인단

신흥촌에서 조부님이 국내 삼일운동 소식을 들은 것은 그해 3월 4일이었다. 이 소식이 북만 일대와 노령의 우리동포들에게 전해지자 각지에서 만세시위운동이 벌어졌다. 신흥동에서도 조부님이 주동이 되어 만세시위가 일어났다. 백여

호 동리 사람들은 남녀노유 할 것 없이 전부 광동학교운동장에 모였고 독립단원들도 상당수 이에 합세하였다. 조부님은 미리 준비한 태극기를 이들 군중에게 나눠 주고 "대한독립만세"를 선창하였다. 운동장을 가득 메운 오백여 군중들의 목이 터져라 부르는 함성과 냉기를 품은 북만의 춘풍에 물결치는 태극기의 행렬 속에서 동리 사람들은 금시 우리나라가 독립이 된듯이 기뻐 날뛰었다. 나는 대열의 꽁무니에서 만세를 따라 부르며 따라다녔다. 시위행렬은 건너 동리 중국관헌들이 있는 부중으로 들어가 중국인들 앞에서 우리의 독립을 과시하는 만세를 불렀다.

그 후 조부님은 자주 강 건너 노령을 내왕하며 독립운동자들과의 긴밀한 연락을 가졌다. 이해 3월 26일 노령 블라디보스토크에서 김치보가 단장으로 '노인단'이 창립되고 노령 북만 각지에 지부가 생겼는데 조부님은 요하현 지부의 책임자였다. 이해 6월 24일 대한민국노인동맹단대표 명의로 된 일본정부에 보낸 독립요구서에 보면 김치보, 박희평, 박은식, 김순약, 강문백, 서상구 등의 이름이 보인다. 이 노인단은 46세 이상 70세 이하의 남녀로서 조직하고 독립운동에 분주하는 청년운동자들을 지원할 목적으로 창립된 단체인데 삼일운동 발발 직후부터 이해 가을 단체가 해산될 때까지 독립운동의 전열이 정비될 동안에는 중요한 역할을 했다. 설립취지서에도 "…… 만약에 오인이 조국의 독립을 회복하지 못하여 오인의 자손으로 하여금 독립국민된 사를 부득함에 있어서는 오인이 가령 전택과 금전으로서 자손에게 여하고 학문과 지혜로서 자손에게 귀한다 하더라도 타족의 노적을 태하지 못함으로써 하일이고 오인의 죄악을 속하고 원통을 석할 기회가 내도하였으므로 차천재의 일시를 방과치 말 것이다. 시에 인하여 노인동맹단을 조직하고 제반의 방법을 연구진행하기 위하여……"라고 하였으니 그들은 이 기회에 늙은 목숨을 던져 독립운동의 밑거름이 되고자 비장한 결의로 출발한 애국일념의 단체임을 알겠다.

이해 5월 2일 해삼위의 노인동맹단원 이발(이동휘 씨의 부친)·정치윤·윤여옥·차대유·안태둔 등 5명은 서울로 향발, 이달 31일 서울 종로 보신각 앞에서 일장 연설 끝에 태극기를 흔들며 수배 명의 시민들과 합세하여 만세시위를 벌였다. 이때 기마경찰대가 출동, 그들을 체포하려 하자 이발은 적의 욕을 받지 않겠다고 칼을 빼어 자결하였고 윤여옥, 차대유 등은 체포되었다. 이와 같이 노인단은 과격한 우국노인들의 집합체였고 산하회원이 자그만치 7천 명이나 되었다 하니 그 세력이 상당했음을 짐작할 수 있다.

조부님의 거사 동기는 이러한 노인단의 과격한 독립노선에 기인했던 것이 아닌가 생각한다. 이해 5월 말경 그는 집을 떠나 해삼위 신한촌으로 건너갔다. 집안 식구들은 그분이 항상 방랑을 일삼아 집에 있는 날보다 나가 있는 날이 많으니 다른 때와 마찬가지로 볼일을 보고 돌아오려니 생각하고 무심하였다. 그러나 이것이 생전의 조부님을 뵈온 마지막이었다.

그때 조부님은 이미 자기 목숨을 던져 누구든 일인 거물정객을 해치워 위축되고 있는 배일감정을 일깨우고자 결심하였던 것이다. 공소심 공판기록에 재판장과의 문답에서 보면 조부님은 이해 3월에 동부 시베리아 우수리철도의 청룡역에서 러시아돈 50루불(일본돈 3원 50전에 해당)을 주고 폭탄을 샀다고 하였으니 이때 그는 그 폭탄을 가지고 있었던 것이 분명하다. 또 하나 이 기회에 밝혀두고 싶은 것은 조부님의 거사가 노인단원으로서의 단독행위였느냐, 배후에 조직이나 어느 세력의 사주가 있었느냐 하는 문제이다. 집안에서 전하는 말에 의하면 노인단에서 거사모의가 있을 때 자기가 맡아 하겠다고 자원했다고 한다. 이 말은 조부님이 후에 옥중에서 면회자를 통해서 한 말인지 혹은 다른 길을 통하여 접하는 말인지 알 수가 없다.

5월 3일 해삼위 신한촌에 도착한 조부님은 그곳 동포들에게서 조선총독 장곡천호도가 사임하고 다른 자가 신임총독으로 부임한다는 소문을 들었다. 이때 그는 자기의 거사목표가 이 신임총독이래야 한다는 것을 마음속에 작정하였을 것이다. 이자야말로 우리민족을 착취하고 기만하는 원흉이며 일본정계에서도 손꼽는 거물일 것이니 말이다. 그길로 조부님은 다시 신흥동집으로 와서 장기여행에 필요한 옷가지와 다른 도구를 챙겨가지고 블라디보스토크로 돌아왔다. 그때에도 집의 식구들은 조부님이 자기 목숨을 던져 신임 총독을 죽일 거사계획을 하고 있는 줄은 꿈에도 몰랐다.

▣ 폭탄을 '낭자'에 차고

6월 11일 조부님은 일본기선 월후환을 타고 국내에 잠입하기 위해 블라디보스토크항을 떠났다. 품속에는 우수리철도 청룡역에서 산 거사에 쓸 폭탄을 깊이 간직하였다.

여기서 잠시 삼일운동을 계기로 한 일본의 대한식민정책의 변모와 이에 대처하는 우리 동포들의 동정을 살펴야겠다. 일제는 우리 돌발적인 삼일운동사태에 당황한 나머지 종래의 무단정치를 바꾸어 이른바 문화정치를 표방하고 나섰다. 그들은 우선 총독의 형식적인 자격부터 무단의 상징인 현역무관으로부터 문관으로 제도를 바꾸어 육군대장 장곡천 총독을 해임하고 해군대장 재등실을 예편시켜 신임총독으로 임명하였다(이해 8월 12일) . 그리고 총독부 관리들도 특별히 제복을 필요로 하는 직책을 제외하고는 제복과 패검을 폐지하였고 헌병경찰을 없애고 일반경찰제도를 실시하였으며 태형제도도 이를 폐지하였다. 그 밖에 한국인들의 언론탄압을 다소 완화하여 『동아』, 『조선』, 『시사』 등 언론기관을 인가하여주고 일반 출판물의 제한도 다소 완화하였으며 미관말직이나마 한국인관리도 다소 수를 늘려 주어 기회균등의 미소전술을 펴기도 했고 학교교육도 약간 보급하여 초등학교기관을 증설하였다.

그러나 이러한 형식적인 정책 전환은 실은 삼일운동으로 격앙된 한국인의 민심을 가라앉히고 기만적인 술책에 불과한 것이었다. 그자들은 문관총독을 보내어 내용적으로는 한국인의 민족주의사상을 회유말살하려는 술책이었으며 학교증설은 일어보급과 한국인의 일본화공작을 추진하기 위한 도구에 불과하였다. 무단을 지양하기 위해 도구경찰을 폐지했다고 하나 주한주둔군의 숫자는 도리어 늘렸고 일반경찰도 확장하여 무장위협은 배가한 형편이었다. 또 통신시설을 개선한다 하여 지방우체국을 산간벽지까지 확장 설치하였는데 이는 일본상민들이 뒤따라 이주하여 한국인에 대한 정찰·

경제·탄압과 경제수탈을 위한 위장술책이었다.

이에 대한 우리 민족의 여론은 맞대놓고 한 것은 아니었지만 문화정치고 기회균등이고 학교시설이고 간에 일제의 식민지치하는 일없다는 단호하고 강경한 태도였다. 우리가 독립을 선언하고 이를 세계만방에 알린 이상 당연히 일제의 식민지 통치는 철거되어야 한다는 지금 생각하면 약간 비현실적이고 무리한 주장이었다. 특히 신임 재등실 총독의 부임을 우리가 수수방관한다면 저들의 상기한 기만 술책을 받아들이는 결과가 되며 더구나 일반 민중들의 민족사상이 저하 침체 한다는 공론이었다. 그러나 당시의 실력한 분위기 아래서 이에 대하여 실력으로 저항한다는 것은 불가능에 가까운 일이 었다.

6월 14일 월후환편으로 원산에 도착한 조부님은 우선 本町 5丁目 42의 元一旅館에 숙소를 정하고 거사계획에 대한 준비를 착수했다. 먼저 국내정세를 살피고 신임총독의 부임 일자를 탐지하며 이에 맞추어 세부계획을 세우고 필요한 자금을 마련해야 했다. 원산항에 들어올 때 우스운 얘기 한토막이 있다. 그는 일경의 검색을 피하기 위해 가지고 있던 폭탄을 마치 부녀자의 월경대처럼 바지가랭이에 찼다고 한다. 일경이 유심히 이것을 살펴서 '낭자'라고 속였다 한다.

다음날 15일 조부님은 광석동 길가에서 최자남 씨를 만났다. 최씨는 그때부터 19년 전에 노령에 들어가서 장사를 하던 사람으로 7, 8년 후에 고향에 나와 살다가 다시 6년 전에 니코리스크에 가서 장사를 하였으며 3년 전에 원산에 나와 살던 사람이다. 조부님과는 4년 전 니코리스크에서 처음 만나 서로 친해졌는데 이 당시는 조부님이 의료행상업으로 노령 일대를 방황하던 시절이다. 같은 기독교인이고 최씨집에서 조부님이 숙식을 한 인연으로 두 분이 각별히 친해진 모양인데 그때 마침 최씨의 부인이 중병으로 몹시 앓는 것을 조부님이 고쳐주어서 그 부인과는 부녀지간처럼 가까이 지냈다. 조부님은 니코리스크에 2년간을 한 해에 너댓 달씩 같이 살았었다.

광석동 길가에서 조부님을 만나 최씨는 반가이 자기 집으로 모시고 들어가 점심대접을 하며 그간의 회포를 풀게 되었다. 조부님이 지금 자기는 고향 홍원으로 돌아가는 길인데 노자가 부족하다는 말을 듣고 최씨는 자기는 늘 밖으로 나돌아 다니느라고 아내가 혼자 집일에 손이 모자라니 자기 집에서 같이 지내며 아내의 일손을 도와 달라고 간청하여 조부님은 원산부 상동 183번지 최씨의 집에서 또다시 기거를 같이하게 되었다.

이날부터 조부님은 노령에서 가지고 나온 폭탄을 최씨네 집 부엌 천정 속에 숨겨두고 광석동 장로교회에 출입하며 그곳 교인들과 사귀었다. 그리고 은밀히 신임총독이 누구이고 언제 착임하는지를 탐지하기도 하고 신문을 통하여 이를 조사하기도 하였다. 7월 27, 28일경 최씨는 광석동 1번지로 이사를 가게 되었는데 조부님도 같이 따라갔다.

그 후 일제의 조부님 등에 대한 예심결정서를 보면 최씨네가 광석동으로 이사한 직후에 조부님이 최씨에게 자기의 거사계획을 밝히고 폭탄은닉방법을 부탁하여 최씨도 이를 응락, 두 분이 공범인 것으로 되어 있는데 공판정에서의 조부님의 진술 중에서 자기가 상고하는 이유는 순전히 연루자들의 무죄를 주장하기 위해서라고 말한 것을 보면 조부님이 폭탄은익이 조심스러워 이를 최씨에게 부탁하여 부엌에 있는 벽장 속에다 숨겨두는 등의 협조를 하였지만 그 이상 최씨는 지접적인 행동으로 거사에 관여했던 것은 아닌 것 같다.

또 한 분 공범으로 돼 있는 허형 씨는 원산 원일여관에서 처음 만난 25세의 청년이었다. 그때 그분은 평남안주 사람으로 노령에 망명하고자 원산에 머물러 있었는데 조부님과 의기가 상통하여 거사계획에 참여, 생사를 같이 하기로 맹세하였다.

여기서 꼭 밝혀두고 싶은 것은 도명수 씨와의 일이다.

앞서도 잠깐 얘기했지만 도씨는 홍원에서 조부님의 도움으로 장사에 성공한 분으로 그때는 함남 일대에서는 유력한 무역상이었다. 그분은 홍원에서 '덕홍 상회'라는 큰 업체를 경영하고 있었는데 1919년 여름부터 원산지점장으로 나와 있었다. 함남 일대에 산재하여 있는 지점 중에서 원산지점이 가장 컸기 때문에 이 지점만큼은 '덕홍상회'의 주주들이 돌려가며 직접 나와 있었는데 마침 그때가 도씨의 차례였다.

▣ 도명수 씨에게서 거사자금 5백 원

하루는 조부님이 상동번화가에 있는 도씨네 덕홍상회지점에 나타났다. 도씨와는 실로 10년 만의 해후였다. 조부님은 도씨에게 거사계획의 전모를 말하고 거사자금 5백 원을 요구하였다. 그때 돈 5백이면 거상인 도씨에게도 적은 금액이 아니었지만 평생의 은인의 마지막 부탁인지라 그 자리에서 5백 원을 내드렸다. 여태까지 고심하던 거사자금이 해결되자 조부님은 도씨에게 유서 2개의 큰 통을 전해주며 1통은 큰 아들 중건에게 전하고 1통은 도씨가 보관했다가 후세에 전할 것을 당부하였다. 이 유서를 도씨는 홍원 그의 집 기왓장 밑에 숨겨두었었는데 후에 8월 15일 해방이 되어 8월 16일 아침 찾아보았더니 26년 풍상에 완전히 삭아 없어져 형해만 남아있더라고 한다. 다른 1통의 유서도 아버님 중건에게 전해졌는지 혹은 다른 사람의 손에서 없어졌는지 아직껏 그 행방을 보이지 않고 있다.

그때의 거사자금수수 관계를 덕흥상회 지점의 수석점원인 김모가 알고 있었는데 그자는 우리가 홍원에서 만주로 이주할 때 우리 살던 집을 산 조부님과도 잘 아는 김가의 맏아들이었다. 후에 조부님이 거사하고 일경에게 잡히자 이 자는 돈 4십 원에 매수되어 이 사실을 일경에게 밀고하였다. 도명수 씨는 홍원경찰서에 잡혀가 호된 고문과 문초를 받았는데 "은인이 서울구경을 가신다기에 노자를 드렸다"고 끝내 항변하여 며칠 후 풀려나왔고 김모는 동리에서 몰매를 맞고 쫓겨났다.

8월 4일 조부님은 상기 허형과 한은철을 대동하고 원산을 출발하여 그날은 석왕사 영월여관에서 하룻밤 쉬고 다음 날 5일 서울에 도착하여 허형의 소개로 안국동 96번지 김종호의 집에 숙소를 정하였다. 이즈음 조부님의 동정을 일제의 예심결정서에서는 다음과 같이 기록하고 있다.

"김종호 방에 투숙하여 형세를 살펴보았는데 동년 7월 5일에 기히 장곡천 총독은 경성을 출발, 동상하여 8월 초순 동

총독은 사표를 제출하고 후임총독은 재등 해군대장인 자로 보도가 순차 신문지에 의하여 전함을 견하고 마침내 신 총독의 착임을 대하여 예정의 계획을 실행하고자 동월 11일 원산부에 의하여 귀하여 김종호 방에 체재하였는데 불원에 부임한다는 보도가 있고 또 신문 지상에 동 총독의 사진 상을 게시하였음을 보고 동 총독살해 실행의 필성을 기하여 동월 17일, 18일경 원산부에 가서 미리 혹자가 폭탄 2개를 장치하였음을 알고 동부 신촌동 51번지 한홍근과 면회하고 폭탄 1개의 교부주선방법을 의뢰하여 치하였다가 동월 20일경 전기 안국동 김종호 방에 다시 돌아와 머물러 있던 중, 신문에 재등 총독은 9월 2일 서울에 도착한다는 기사를 본 후, 안국동은 남대문역과 거리가 멀어 거사에 불편한 것을 생각하고 8월 20일 남대문역 부근인 남대문통 오정목 60번지 여인숙 박영수 방으로 옮겨와서 매일 정거장을 배회하며 8월 31일 아침 안국동 김종호 방에 머무를 때에 허형으로부터 강우규의 변명 강영일에게 대하여 최자남이 발한 전보를 받아본즉 암호로서 한홍근에게 의뢰한 폭탄 소지자가 원산에 돌아왔으니 곧 수취하러 오라는 내용을 보고 허형을 길가로 불러 원산에 가서 한홍근에게 폭탄을 받아가지고 오라는 부탁을 하고 허형은 즉각 이를 승낙하여 그날로 원산에 가서 최자남을 만나 온 뜻을 밝히니 최자남은 한홍근이 전날 블라디보스토크로 떠났다는 말을 듣고 9월 1일 그냥 돌아와 이를 강우규는 자기는 별도로 폭탄 일 개를 준비 한 것이 있으니 이것으로 거사할 것이라 말하고 극비에 붙일 것을 당부하였다……."

이상의 내용을 보면 최자남, 한홍근, 김종호, 허형 등 여러 분들이 사전에 조부님과 거사계획을 밀의한 것으로 되어 있는데 공판기록을 보면 이와 상치한 부분이 많이 있다. 공소심공판기록을 보면 허형을 원산에 보내 폭탄을 가져오라는 부분에서 조부님은 아래와 같이 공소사실을 부인한다.

재판장 : "허형을 불러서 원산에 가서 아들을 데리고 오라고 부탁했는가?"

강　　 : "그게 아니라 편지를 전해주고 한홍근의 집에 가서 호열자약을 가지고 오라고 하였는데……한이 주지 않아 그냥 돌아왔소."

재판장 : "그런 게 아니라 최자남에 부탁해서 한홍근의 집에 두었던 폭탄을 가져오라는 것이 아닌가. 그리고 전보로 이들이 왔다는 것은 폭탄이 왔다는 말이 아닌가?"

강　　 : "그런 일은 없오, 나는 처음부터 그런 말은 하지 않았소."

일경이나 검찰은 자꾸 연루자를 끌어들여 사건을 확대하려 했고 조부님은 되도록 모든 일을 자기가 책임지고 다른 연루자들은 풀려나가도록 진술했기 때문에 이러한 차이가 있었던 게 아닌가 생각한다.

좌우간 8월 5일 서울에 잠입한 조부님은 안국동 김종호의 집에 묵으면서 신임총독이 오는 날짜와 거사의 실행계획을 짜던 중 9월 2일에 재등이 착임한다는 신문보도와 그의 사진을 보고 자기가 가지고 있던 1개의 폭탄으로는 안심이 되지 않아 원산에 허형을 보내어 최자남, 한홍근을 통하여 몇 개의 폭탄을 구득하려 했던 것만은 사실이다. 그때 가지고 있던 폭탄 1개는 주철제 예화 수류폭탄으로 그 구조가 미국제 영국식 예회수류탄으로 짐작되며 제조된 지가 오래여서 불발의 우려가 있었다. 그리고 안국동은 남대문역과 거리가 멀어 거사 실행에 불편이 있으므로 남대문통 박영호 방 여인숙으로 숙소를 옮기고 매일 정거장 부근을 배회하며 기회를 엿보고 있었다.

◼ 남대문역두에 터진 겨레의 노성

9월 2일 운명의 날은 왔다. 장안 시민들은 재등 총독의 착임을 기하여 조선민족의 일제의 기만정책에 대한 결의표명이 있어야 한다고 생각하였고 또 어떤 형태로든지 모종의 사태가 일어날 것을 예감하였다. 이날 아침부터 장안의 백의시민들이 마치 총독신임에 대한 무언의 항의시위라도 벌이는 듯이 수 십만명이 거리로 쏟아져 나와 남대문역 주변은 물론 남대문통 일대와 용산가도를 하얗게 메웠다. 내놓고 말을 하지 못했지만 무슨 사태가 일어날 것이라 생각하였다.

일본인들도 이런 한인들도 동정을 예감했음인지 남대문역에서 지금 남산 음악당자리에 있던 총독부에 이르는 가도에, 또 용산에 있는 총독관저에 이르는 가도에 일본 군대가 총에 칼을 꽂아 가지고 몇 겹씩 늘어서서 엄중한 경계망을 펴고 있었다. 마치 우리는 민중을 동원하고 일본인들은 군대를 동원한 느낌이었다.

이날 아침 조부님은 폭탄을 명주수건에 싸서 허리에 단단히 붙잡아 맨 다음 그 위에 저고리와 두루마기를 입어 손을 넣으면 쉽사리 폭탄을 꺼낼 수 있게 하고, 파나마 모자에 가죽신을 신고 양산과 수건을 들고 남대문 정거장에 나갔다. 그리고 재등을 폭살시킨 다음 그 자리에서 자작시 한수를 읊은 다음 조용히 일경의 포승을 받기로 작정하고 군중의 틈에 끼어서 시간을 기다렸다.

오후 4시경이 되자 총독을 환영하러 나온 수많은 마차가 정거장마당에 운집하고 총독부관리, 주한외교사절, 한국인 친일귀족들, 재경일인유지, 군고급장교 등이 모여 들었다. 조부님은 총독의 마차를 골라서 역구내의 끽차점 출입문 북쪽 전방의 군중들 틈에 끼어서 운명의 순간을 기다리고 있었다. 이때의 광경은 현재 유일한 목격자로 생존한 당시 『만주일보』 경성지국기자 유광렬 씨의 기록과 술회를 수용하여 적어보겠다.

오후 5시, 기적소리도 우렁차게 총독을 태운 기차가 남대문역 프레트홈에 들어섰다. 잇대어 기차에서 내린 총독 일행이 역구내로 들어와 그곳에 도열하여 대기 중인 수많은 출영객들과 일일이 악수를 하고 마지막으로 기자들과 일일이 악수를 나눈 다음 귀빈실을 잠시 들러서 그 부인과 함께 대기 중인 쌍두마차를 타러 밖으로 나와 막 마차 위에 오른 순간이었다. 이때 남산공원(한양공원이 라고도 하였음)에서는 마치 장안시민을 위압하려는 듯 우렁찬 예포소리 21발이 들렸다. 이 예포소리가 끝나자마자 몇 초 간격을 두고 또 한 방의 굉음이 천지를 진동하였다.

조부님이 던진 폭탄의 파제음이었다. 순간 귀빈실 주변은 아비규환 수라장이 되었다. 총독을 뒤따르던 일본인기자들이 "다이나마이트, 폭탄 폭탄!"하고 부르짖으면서 가던 자리에서 길길이 뛰었다. 실로 순간적인 일이었다. 마차 앞 7보전에 불기둥이 일고 굉음과 함께 땅이 깊이 패여 나갔다. 자욱한 연기 속에 폭탄을 맞고 쓰러진 시체들이 마차 주위에 즐비하였다.

그러나 헌병과 기자들이 현장에 출동하였을 때는 재등의 쌍두마차는 유유히 역전광장을 빠져나가고 있었다. 조부님이 던진 폭탄은 그 파편 몇 개가 총독의 마차에 명중하고 1개는 마차의 뒤쪽을 관통하여 재등의 요부검대를 파손하였으나 그만은 터럭 하나 다친 데가 없었다.

훗날 재판장에서 조부님은 이때 정경을 이렇게 술회했다.

"나는 폭탄을 던지고 눈을 감고 조용히 하느님께 기도했다. 이번 일이 하느님의 뜻대로 이루어지이다 하고……그러나 재등은 맞지 않고 마차가 유유히 굴러가는 것을 보고 나는 다시 심중에 '하느님은 재등을 용서하시는구나' 생각하였다. 나는 정의를 파지하여 불의한 재등을 쳤는데 하느님이 그를 용서하시니 나는 어쩐단 말인가. 그러나 아무도 나를 잡으려 하지 않았다. 나는 이때 다시 '하느님은 재등을 용서하고 또 강우규를 용서하심인가?'하고 의아해 하면서 그대로 여관으로 돌아왔다."

이날 조부님의 폭탄을 맞고 사망 또는 부상한 사람들은 다음과 같다.

▲ 大阪毎日新聞京城特派員 橘香橘(死亡)

▲ 大阪毎日新聞京城特派員 出口諫男

▲ 大町警察署長　　　　小牟田十太郎

▲ 同署警部　　　　　　權五衡

▲ 同巡査　　　　　　　朴貞和

▲ 鐘路警察署巡査　　　安武政一

▲ 同　　　　　　　　　朴完植

▲ 朝鮮新聞記者　　　　久渡幸太郎

▲ 鐵道管理局長　　　　久保要藏

▲ 陸軍少將　　　　　　村田信乃

▲ 京城日報記者　　　　竹井延太郎

▲ 鐵道監理局運輸課長　安藤又三郎

▲ 同囑託　　　　　　　野津要太郎

▲ 美國人　　　　　　　ＷＰ 헤리슨夫人

▲ 高陽警察署巡査　　　朴聖八

▲ 車夫　　　　　　　　岩尾茂 朴弘植 嚴寅瑞 朴在仁

　　　　　　　　　　　黃春燁 李百孫

　　　　　　　　　　　李長龍

▲ 총독부속　　　　　　井關重俊

▲ 開城郡南面候石里　　楊昌華

▲ 巡査　　　　　　　　池光淵 白殷基

▲ 警部　　　　　　　　金泰錫

▲ 총독부馬下　　　　　加藤順一郎

▲ 李王職事務官　　　　李源升

▲ 總督府雇員	西田國吉 森下男 山內虎雄
▲ 京畿道巡視	末弘又二郎(死亡)
▲ 京城監獄受業手	野方一三郎(이상 37명)

우리 민족의 심층을 외면한 일제의 기위적인 식민정책에 대한 민족적인 의사표시는 이렇게 조부님에 의하여 이루어졌다. 이날 조부님의 거사마저 없었다면 독립을 선언한 우리 민족이 일본 총독을 순순히 받아들이는 치욕적인 결과가 되었을 것이다.

현장에 있던 한국사람이나 일본인도 모두 놀랍고 두려워 사색이 되었었지만 더욱 황겁했던 것은 소위 친일조선귀족들은 거의가 현장에 있었던 것이다. 귀빈실에는 검은 예복에 산고모(山高帽)를 쓴 그들 귀족들로 가득 차 있었다. 어떤 자의 산고모에는 구멍이 군데군데 뚫려있었으니 폭탄파편에 맞은 때문이었다.

얼굴이 노랗게 질린 중년신사 한사람이 늙수그레한 자를 보고 말했다.

"대감, 그래도 경계망(일군이 연도에 착검하고 경계함을 말함)이 풀리기 전에 가야 합니다. 해가 저물면 무슨 일이 일어날지 모릅니다."

이때 귀빈실안에는 이목를 끄는 인물이 있었으니 한일합방당시 총리대신이었던 이완용이었다. 그는 머리에 산고모를 썼으나 예복 대신 조선두루마기에 임바네스를 받쳐 입고 조선 구식신(靴)을 신고 의자에 앉아 있었다. 다른 사람들이 황겁하게 이리저리 몰리고 있는 중에서도 그는 눈썹하나 까딱하지 않고 태연히 앉아 난처한 일이 있을 때마다 하는 그의 버릇대로 새끼손가락의 손톱을 씹고 있었다. 기자 한사람이 호기심으로 그의 앞에 가서 "대감 놀라셨지요?"하고 인사를 하였다. 너는 나라를 팔아먹은 장본인이지만 우리민족은 피로써 이에 항거하여 오늘의 의거도 일어난 것이 아니냐는 야유였다. 그러나 그는 조용히 웃으면서

"놀리기는 뭘......"

하며 태연하더란다. 비록 매국의 역적이긴 하지만 그래도 한 나라의 재상을 지낸 기량은 있는 인물이라 하겠다.

조부님은 그길로 군중들 속을 빠져나와 일단 박영수의 여인숙에서 묵다가 9월 4일 안국동 김종호의 집으로 거처를 옮겨 얼굴에 수염을 깎고 일경의 눈을 피하였다. 그리고 이번 거사의 실패를 만회하여 다시 재등을 죽일 것을 마음속으로 다졌다. 다음해 4월 15일 있은 공소공판기록을 보면

"……나는 결코 달아나려 해서 수염을 깎고 숨은 것이 아니라 남대문에서 죽지 못한 것이 크게 분해 어떻게 해서든지 다시 재등을 죽이고자 하여 그렇게 한 것이요……"라고 하여 다시 거사하려 했던 뜻을 밝혔다.

그러나 거사 당시 군중 속에서 이를 목격한 증인이 있어서 경찰수사 결과 조부님의 윤곽이 드러나기 시작했다. 투탄 당시에도 13, 14세쯤 된 소년이 이를 일경에게 일러주었지만 일경은 설마 저런 노인이 투탄하였으랴 싶었던지 그냥 지나친 일이 있었다 한다. 『기려수필』에 보면 "……捉當日觀覽者三人爲證, 南滿州鐵道會社管理局列車檢查日, 犯人年可五六十, 着白周衣分明是朝鮮老人, 右手持陽傘, 左手握手巾立衆中投彈……"이라 한 것을 보면 당일 조부님의 몸차림이나 거동은 완전히 파악됐던 것을 알 수 있다. 더구나 일경은 범인을 잡기 위해 무고한 젊은 사람들을 수십 명 잡아다가 문초를 했으니 이것이 또한 조부님의 마음을 괴롭게 하였을 것이다.

신변의 위협을 느꼈던지 조부님은 9월 7일 오태영에게 의뢰하여 그의 주선으로 가회동 82번지 장익규의 집으로 숙소를 옮겼으며 또다시 사조동 임승화의 집으로 옮겼다. 『기려수필』에 보면 이때의 일을 기록하여 "……見吳泰泳曰, 吾以假政府軍務總長李東輝 託, 方募集軍資金而來, 須爲我來從容

旅館, 復移館干嘉會洞……"이라 하였다.

드디어 9월 17일 이 집에서 조부님은 한인순사인 김태석의 검문을 받게 되었다. 그는 홀연히 자진출두하기로 작정하였다. 자기로 인하여 무고하게 고생하는 젊은 사람들을 방면케 하고 자기의 의거를 만천하에 밝혀 한민족의 의기를 과시할 것을 결심하고 김태석에게 저간의 모든 일들을 털어났다. 결국 김은 조부님을 체포하여 수훈을 세웠고, 이로 인하여 일급 승진하였다. 그자는 해방 후 반민특위 재판에서 조부님이 자기에게 자수하였다고 말하였다.

◾ 法廷에 서서

경찰의 조사와 예심판사 영도웅장(永島雄藏)의 예심판결을 끝내고 조부님이 경성지방법원의 7호 법정에 선 것은 다음 해 1920년 2월이었다. 이때의 경성지방법원은 지금의 종로 네거리 신신백화점 바로 뒤의 빈터에 있었다. 이날 법정 주변에는 아침부터 방청하려 몰려드는 시민들로 인산인해를 이루었다. 특히 법정 안에는 전해 삼일운동에 참여하였다가 옥중에서 고생하고 나온 인사들과 시위학생들, 그리고 '스코필드' 박사, '빌링스' 씨 등 우리 독립운동을 측면에서 성원하던 외국인들도 다수 방청석에 앉아있는 것이 이채로웠다.

개정시간이 되자 입천(立川) 재판장 등 배석 판사와 검사가 등단하고 조부님도 지금 서린동 어린이놀이터 자리의 재판소 구치소에서 마차를 타고 와서 7호법정에 입정하였다. 그러나 그의 의표는 피의자의 풀죽은 초췌한 모습이 아니라 개선장군의 당당한 귀환이었다. 동조리바람의 훤출한 키에 백발이 성성한 노안으로 방청석을 둘러보며 들어올 때 그의 안광에서는 불꽃이 튀었다.

재판이 시작되어 재판장과의 질의응답을 할 때도 그는 유유자적 조금도 구김새가 없었다. 입천 재판장이 조부님을 보고 '피고'라고 하니 그는 버럭 성을 내어 "고얀놈"이라고 일갈, 입천(立川)은 기가 꺾여 꼬박 "영감님" "강 선생"이라고 존대를 붙였다. 그도 개인적으로는 조부님의 기상에 감복하여 시종 부드럽게 심문을 하였다.

심문도중 재판장이 "월후환으로 원산에 입항할 때 경찰의 신체검사를 받고 어떻게 폭탄을 감추었느냐"고 물으니 조부님은 "별 묘책이 있었던 게 아니고 비단주머니에 싸서 낭자 밑에 마치 부인들의 월경대처럼 찼더니 순사들이 보고도 별말 없더규, 아마 내 낭자가 크다고 생각한 모양이지"하고 방청객들과 재판관들을 웃기기도 하였다.

그는 재판장의 질문에 불만이 있으면 거리낌 없이 꾸짖기도 하고 박장대소 하였다. 마치 어른이 아이들을 데리고 노는 형국이었다. 방청객들은 이러한 조부님은 '眼采如炬威風凜凜'의 용자를 보고 민족적인 긍지를 느끼고 일제를 맘껏 비웃어 줄 수가 있었다. 그는 또한 "이 재판은 너의 총독이 시켜서 하는 것인가, 너의 천황이 시켜서 하는 것인가, 내 알기로 재등은 세계평화를 좀먹는 일대 죄괴인데 왜 잡아다 심문하지 않고 나만 이 궁지에 몰아넣는가"하고 대노하여 의자를 들어 땅을 내려치기도 하였다.

재판장이 잠시 휴정을 선언하자 조부님은 방청석을 돌아보며 "여기 홍원의 도명수의 아들이 누구냐"하고 지금 화가로 일하고 있는 도상봉 씨가 조부님 곁으로 달려가 인사를 하니 "네가 임용(도상봉의 아명)이냐, 작년 농사는 잘 지었는가"하며 고향의 안부를 묻기도 하였다.

2회 결심공판 때 예상대로 조부님에게 사형이 구형됐다. 과장과 억지의 범행사실을 거론하는 검사의 논고를 시종 눈을 감고 듣고 있던 조부님은 "사형을 구형한다"는 마지막 말이 떨어지자 눈을 번쩍 뜨고 "고얀 놈들"이라고 고함을 치며 옆에 있던 의자를 검사에게 집어 던졌다. 검사는 겁에 질려 뒷문으로 빠져 달아났다.

마차를 타고 재판소 구치소로 돌아가며 조부님은 따라 나온 방청객들을 향해 "조선독립만세"를 불렀다. 방청객들도 이에 따라 몇 사람 만세를 부르는 사람이 있었지만 그 기세는 겁먹은 작은 소리였다. 그때는 우리 겨레의 기상이 일제의 탄압으로 위축되었던 때였기 때문이다.

이즈음 아버지 중건이 신흥동에서 올라와 과부로 혼자 살고 있는 사촌누님과 같이 영천동 서대문형무소 근방에 방 한 칸을 얻어 조부님의 옥바라지를 하고 있었다. 그는 혹 조부님을 살릴 방도가 있을까 하여 변호사를 대고져 조부님께 의논 하였다.

그러나 조부님은 "천하만사가 모두 내게 달려 있는 것이지 무슨 율사가 필요하겠는가"하고 이를 거절하였다.

2월 25일 드디어 입천 부장판사는 조부님에게 사형을 언도하였다. 그는 평생을 조국광복을 위해 북만 노령 등지를 방황하였고 이제는 늙어 한줌 흙으로 돌아갈 때를 당하여 원수의 소굴을 찾아 들어 일격을 가하고 죽을 자리를 찾은 것이다. 비록 천의 일실로 재등을 죽이지는 못했다 해도 그의 죽음은 우리민족의 기상을 만방에 과시하였고 일제에 대한 우리의 결의를 분명히 표시하였다. 입천 부장판사의 판결가운데에서도 "우규는 명완무지하고 오만 무례하여 비록 미수에 그쳤다하지만 개전할 사람이 아니라"고 하였으니 악독한 그들의 수법으로 조부님의 굳은 뜻을 돌이킬 수 없음을 인정한 것이었다. 조부님은 오히려 담담한 마음으로 평생을 끝막을 마음의 준비를 했다.

이즈음은 영친왕 이은공의 가례가 있어 전국적으로 정치범에 대한 특사가 있어 많은 사람들이 감형되었다. 그러나 조부님의 사건은 법률이전의 정치문제였기 때문에 조부님에게는 아무런 은전이 없었다. 조부님은 복심법원에 항고하여 4월 15일 다시 항소재판을 받았다. 이날도 재판정 주변에는 수많은 방청객이 몰려와 노지사의 최후를 지켜보았다. 그러나 조부님이 자기 목숨에 대한 애착을 가지고 상고한 것은 아니었다. 그는 이 점에 대하여 다음과 같이 분명히 말하고 있다.

"……내가 항소를 한 것은 결코 사형을 면하기 위한 것이 아니라 최자남등을 변명하기 위한 것이요, 그리고 검사가 나를 매명한이라 하니 나는 죽어도 매명한이 아니요, ……결코 사형을 면키 위해 이런 말을 하는 것이 아니라 나는 폭탄의 위력을 몰랐소. 내가 왜 그 불쌍한 신문기자나 사진반을 죽이겠소……"

자기가 모든 죄를 짊어짐으로써 거사에 연루되어 같은 법정에서 고생하는 최자남, 허형, 김종호, 오태영 등의 형량을 되도록 가볍게 하여주고 비록 일본인들일지라도 무고하게 죽은 자들에게 미안하다는 말이나마 하기 위해 조부님은 항소를 한 것이다.

4월 26일 복심법원판결에서도 총원(塚原)재판장은 사형을 언도하였다. 이날 법정에는 장내를 메운 방청객 틈으로 정무총감 수야연태랑(水野錬太郎)이 판사들을 대동하고 돌아보고 나가는 것이 이채로웠다. 이날도 조부님은 재판장에게 발언을 요구하였으나 간수들의 제지로 끌려나가며 분개한 목소리로 이렇게 외쳤다.

"나는 동양삼국의 원대한 장래를 말하고자 하는 것이니 재판장이여…… 아무쪼록 당신네들은 널리 동양전체를 위해 그르치지 말라"

조부님은 다시 고등법원에 상고하였으나 5월 27일 도일(渡邊) 재판장은 이를 기각하고 사형을 확정시켰다.

▣ 죽음 뒤에 남는 것

이후부터 이해 11월 29일 처형될 때까지 조부님은 서대문형무소 감방에서 편안한 마음으로 마지막 날을 기다렸다. 주로 성경책을 읽고 아침저녁 묵도도 하며 아무런 근심하는 빛을 내색치 않았다 한다.

아버지 중건은 옥바라지에 모든 신명을 다했다. 재산이 탕진되자 그는 장안유지들을 찾아다니며 구걸하기도 하고 각지의 친지 척족들을 찾아다니며 돈을 얻어다가 정성껏 차입을 하였다. 왜경에서는 이러한 아버지의 동정을 일일이 감시하며 지방을 다녀오면 그길로 잡아다가 독립 운동자들이나 다른 후원자들과의 접선유무를 캐었다. 매도 숱하게 맞고 전기고문까지 당한 일이 있었다고 한다. 조부님이 아버지에게 남긴 유언은 대략 이러하다.

"내가 죽는다고 조금도 어쩌지 말아라. 네가 만일 내 사형받는 것을 슬퍼하는 어리석은 자라면 내 자식이 아니다. 내 평생 나라를 위해 한 일이 너무 없음이 도리어 부끄럽다. 내가 자나깨나 잊을 수 없는 것은 우리 청년들의 교육이다. 내가 죽어서 청년들의 가슴에 조그마한 충격이라도 줄 수 있다면 그것은 무엇보다 중요한 일이다. 지금은 훌륭한 사람들도 많으니 소홀할 이가 없겠지만 그래도 눈을 감으면 쾌활하고 용감히 살려는 13도의 청년들이 눈에 선하다.

너는 나의 이 유언을 전국의 학교와 교회에 통지하여라. 조선청년이 향할 곳은 기독교이니 먼저 기독교를 믿어 심령을 맑게 한 후에 공부를 해야 할 것이다. 끝으로 막내아이 영재는 재주가 있으니 끝까지 공부를 시켜야 한다."

11월 29일 조부님은 서대문형무소의 교수대에서 처형되었다. 일경은 이날 아버지 중건을 경찰서유치장에 잡아 가두고 집행 후에야 석방, 유해를 인계하였다. 아버지가 형무소시체실에 가보니 4각형 괘짝을 내주는데 이를 열어보니 아버지는 그만 기절하였다. 그 속에다 조부님의 시체를 앉혀놓은 채 입관하였기 때문이다.

일경은 빈소에 일체 적객을 금지하고 철저히 감시하였다. 진주의 문중에서 상경하여 조부님을 그곳 선영으로 모시려했지만 그자들은 이것마저 허락하지 않았다. 하는 수 없이 형무소공동묘지인 고양군 은평면 신사리에 모시기로 결정하였다.

有身無國, 豈無憾想
斷頭臺上, 唯在春風

이것이 조부님의 마지막 유시라고 전한다. 그의 장례행렬은 적객도 없는 은평벌 위를 쓸쓸히 지나갔다. 끝까지 이를 감시하러 따라오는 일경 두 명에게 아버지 중건은 돌을 던지며 "네놈들은 죽은 사람도 감시하느냐"고 울부짖었다.

아버지는 서울에서 조부님 산소를 돌보며 3년 상을 마친 다음 만주 신흥동 집으로 돌아왔다. 그리고 이곳에서 뒤늦게

나마 조부님의 추도식을 거행했다. 인근의 동포 유지들과 독립운동자들, 그리고 제복의 독립군들이 참석한 가운데 추도식은 엄숙하게 거행됐다.

"남대문의 편편 폭발은 세계이목의 꽃이로구나"

이것이 장례식에서 부른 조부님에 대한 추모의 노래 한 귀절이다. 이 밖의 구절들은 오랜 풍상에 마멸되어 지금은 그 형해를 맞춰볼 수가 없다.

1922년 아버지는 조부님의 유언에 따라 나를 공부시키려고 서울로 데리고 올라왔다. 나는 다음해 삼각동 1번지에서 치과의를 하던 함석태 씨의 양녀로 들어가 그분의 독지로 이화여자고등보통학교에 입학했다. 4년 후 이화고보를 졸업하고 나는 거창, 마산 등지를 전전하며 보통학교훈도를 하였고 방학 때면 서울에 올라와 조부님 산소를 돌보았다.

(『신동아』, 1969년도 6월호)

참고문헌

1. 신문 및 잡지

『LA Times』

『경성일보』

『대한매일신보』

『독립신문』

『동광』

『동경조일신문』

『동경일일신문』

『동아일보』

『매일신보』

『신한민보』

『조선일보』

『황성신문』

2. 저서 및 논문

김 방, 『이동휘연구』, 국학자료원, 1999.

이병헌, 「강우규」, 『한국근대인물백인선』, 『신동아』 부록, 동아일보사, 1970.

강덕상, 「풍운의 노투사 강우규」, 『조선독립운동의 군상』, 청목서점, 일본, 1984.

강영재, 「남대문역두 강우규의사의 투탄」, 『신동아』 1969년 5월호

고원섭 편지, 「반민자죄상기」, 김하민·정운현 엮음, 『친일파죄상기』, 학민사, 1993.

국회도서관, 『한국민족운동사료』(3·1운동편 2), 1978.

국회도서관, 『한국민족운동사료』(3·1운동편 3), 1979.

권희영, 『한국과 러시아 : 관계와 변화』, 국학자료원, 1999.

김규면, 『誠齋略傳에 관한 回想記』(1963.6.20).

김삼웅, 「1920년대 서대문형무소」, 『서내문형무소 근현대사』, 니남출판, 2000.

김창수, 「강우규의사의 의열투쟁」, 『서대문형무소와 의열투쟁』, 2003.

김형목, 「강우규의사의 계몽활동과 현실인식」, 『강우규의사 의거 90주년 학술세미나』, 강우규의사 기념사업회, 2009.

강우규의사 기념사업회·동아일보사, 『강우규의사 의거 90주년 학술세미나』, 2009.

독립운동사편찬위원회, 『독립운동사』 7, 1976.

독립운동사편찬위원회, 『독립운동사자료집』 5, 1972.

독립운동사편찬위원회, 『독립운동사자료집』 11, 1976.

독립유공자협회, 『러시아지역 한인사회와 민족운동사』, 교문사, 1994.

박 환, 『러시아한인민족운동사』, 탐구당, 1995.

박 환, 『재소한인민족운동사』, 국학자료원, 1998.

박 환 『박환의 항일유적과 함께 하는 러시아기행』 1·2, 국학자료원, 2002.

박 환, 『대륙으로 간 혁명가들』, 국학자료원, 2003.

박 환, 「정재관 : 미주의 공립협회 총회장에서 러시아의 혁명가로」, 『한국민족운동사연구』 38, 2004.

박 환 『러시아지역 한인언론과 민족운동』, 경인문화사, 2008.

박 환 『시베리아 한인민족운동의 대부 최재형』, 역사공간, 2008.

박 환 『박환교수의 러시아한인유적지답사기』, 국학자료원, 2008.

박 환, 『박환교수의 만주한인유적답사기』, 국학자료원, 2009.

반민족문제연구소, 「김태석」, 『친일파 99인』 2, 돌베게, 1993.

반병률, 『임시정부의 초대 국무총리 성재 이동휘 일대기』, 범문사, 1998.

송상도, 『기려수필』, 국사편찬위원회, 1955.

『시베리아부』 8, 1919년 6월 19일, 「노인단에 관한 건」(국사편찬위원회 소장).

윤병석, 「강우규의사의 생애와 의거」, 『강우규의사 의거 90주년 학술세미나』.

정운현, 「강우규의사의 서울역 폭탄투척 의거와 재판」, 『강우규의사 의거 90주년 학술세미나』.

이상근, 『한인노령이주사연구』, 탐구당, 1996.

홍원군지편찬위원회, 『홍원군지』, 1973.

3. 홈페이지

국사편찬위원회

공훈전자사료관

독립기념관

국가기록원

한국학중앙연구원

대한민국역사박물관

국립 대한민국임시정부기념관

안중근의사기념관